知的生きかた文庫

禅、「前向きな心」をつくる生活の基本

枡野俊明

JN266729

三笠書房

はじめに

禅の視点で、いまの自分を見直すヒント

みなさんは、「禅」という言葉にどんなイメージを持っていますか？「何となくむずかしそう……。自分には縁のない世界なんじゃないか」という人もいるかもしれません。しかし、じつは「禅の心」は、みなさんの生活にいますぐ取り入れられることばかりなのです。

禅だからといって、特別にむずかしいことをしなければいけない、ということはありません。もちろん、抹香《まっこう》くさいなんてこともない。いまの生活を、ちょっと変えてみるだけです。

禅は、生活のあらゆることを修行だと考えます。

誰もが日常的に行なっていること、そう、寝て起きて、食事をして、仕事をこなして……といった場面がすべて修行。その一つひとつが禅の発想や知恵の実践なのです。

それを、みなさんの生活に少しずつ取り入れませんか？
これが、本書の提案です。

最近、私が住職を務める横浜市にある禅寺（建功寺）で、ちょっとした〝異変〟が起きています。毎週開いている坐禅会にこられる人の年齢が、若返ってきているのです。

参加者の大半が五〇代以降だった以前に比べ、いまは男女を問わず、三〇代半ばから四〇代がいちばん多い。悩みや迷い、不安や戸惑いが、その年代を中心にどんどん広がり、禅に何かヒントを求めている、ということかもしれません。

たしかに、仕事や人間関係のさまざまな問題が重くのしかかって、心が身動きできない、後ろ向きになってしまっている、という人が少なくありません。

何とかそこから抜け出して、心を前に振り向けたいのだけれど、どうしたらいいかわからない、ということなのでしょう。

私は、そういう人にこそ、禅を日常生活に取り入れてみて欲しいと思います。

すると、何が起こるか？

それまで見過ごしていたものに気づいたり、見えなかったものを発見したり、ということにつながっていくのです。

たとえば、朝の時間の使い方を少しだけ変えると、

・清々《すがすが》しく一日を過ごせる
・感性が豊かになる
・仕事に集中できる

といった変化が訪れます。

また、禅の視点で人間関係を見直してみると、

・嫉妬《しっと》心が消えてなくなる
・自分のやるべきことがはっきりする
・世間の評価が気にならなくなる

そんな自分が見つかります。

こうした変化は、身動きできずにとどまっていた心、ともすると後ろ向きになっていた心が前を向き始める、ということにほかなりません。

もう、おわかりでしょう。**禅の発想も知恵も、じつは「前向きな心」をつくるためにある**のです。

禅の根本的な教えに**「本来の自己と出会う」**というものがあります。

自分をよく見せたい、少しでもぜいたくな暮らしがしたい、もっとお金を稼ぎたい……。これらを仏教では煩悩《ぼんのう》といいますが、誰もがそうした思いにとらわれがちです。

しかし、それらは心を覆う塵《ちり》です。うずたかく積もれば積もるほど、心が縛られて動けなくなる。

その塵を払ったところにあるのが「本来の自己」、まといついていた余計なものがなくなって、自由に動き出せる心といってもいいでしょう。

生活のなかでその心を見つける。それこそが禅的な生き方の基本です。

誰でも、自分の能力を活かしたい、可能性を広げたい、と思っているはず。つまり、自分を大きく咲かせたい、ということでしょう。

そのためには、「本来の自己」、自由に動ける心と出会い、前向きな心をつくっていくことが大切です。

その心からしか、大きく咲くための力強い芽吹きはないのです。

本書のどのページからでもいい。さっそく、あなたの生活に禅の発想と知恵を取り入れてみませんか？

そして、少しずつ、でも、しっかりと、自分を大きく咲かせる「前向きな心」をつくっていってください。

合掌
枡野俊明

もくじ

1章

もっと気楽に考え、気軽に行動できる〝禅的生活〟

「人生をポジティブに変える」20の言葉

2章 晴れの日も雨の日も——前向きに生きる人の習慣

「心の持ち方」を変える20の言葉

3章

「人生はいましかない」――それが生きるコツ

「明日への不安」が消える10の言葉

4章 仕事の〝迷い〟がスーッと晴れるヒント

「大事なこと」に気づく20の言葉

5章

禅が教えてくれる、「自分らしく生きるコツ」

「毎日を充実させる」20の言葉

編集協力――岩下賢作
吉村貴

1章

もっと気楽に考え、気軽に行動できる〝禅的生活〟

「人生をポジティブに変える」20の言葉

暁天坐禅　日日是好日　莫妄想　水到渠成　把手共行

1

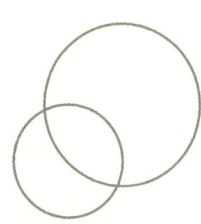

毎朝、決まった時間に起きる

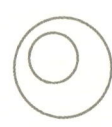

――〝ちゃんとできる自分〟に気づく

誰にでもなまけてしまうとき、面倒くさいと思う気持ち、ついグズグズしてしまうことがあります。

そう、なまけ者も、面倒くさがり屋も、グズも、みなさんのなかにあるもうひとつの自分の姿なのです。問題はそれを前面に出して生きるかどうか。

坐禅の「坐」という字を見てください。土の上に二人の人が座っています。ひとりはなまけ者だったり、面倒くさがり屋だったり、グズだったりする人。そして、もうひとりはそれとは対照的な、ものごとに一所懸命に取り組み、前向きで真摯《しんし》に生きる人です。そんな二人が一緒に座っているのが、私たち人間の在り様なのです。誰のなかにもその二つの姿がある。なまけ者や面倒くさがり屋の姿しか見えないのは、ただ単にそのことに気づいていないからに過ぎません。

何かひとつのことを続けていくのが大事なのは、それが気づきにつながっていくからです。それまで起きる時間がバラバラだった人が、毎朝、決まった時間に起きるようになる。すると、案外、〝できる〟自分に気づきませんか？

気づくことは、もうひとつの自分の姿に出会うこと。いまから、それを少しずつ前に出して生きたらいいのです。

2

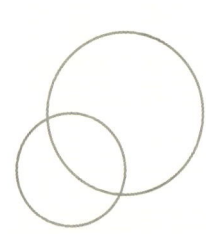

朝の一〇分間、そうじをしてみる

――「よい一日」をつくる朝のお勤め

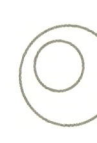

みなさんにも、心地よく過ごせた一日と、何かすっきりしないまま終わってしまった一日とがあると思います。

それを決めるのは朝、それも朝の一〇分です。少し早く起き、ゆとりを持って食事や身支度をして始めた一日は、気分も清々しく、ものごとがいい方向へいい方向へと巡ります。禅に「善因善果《ぜんいんぜんか》、良因《りよういん》 良果《りようか》」という言葉がありますが、よい朝という（原）因が、よい一日という（結）果を生むのです。

「暁天坐禅《ぎようてんざぜん》」は朝のお勤めの前に行なう坐禅のこと。無心に座ることから一日を始めるのも、善因、良因を結ぶためです。

みなさんには坐禅はむずかしくても、朝の一〇分間、そうじをしてみてはいかがでしょう。

窓を開け放って風の感触や木々の変化から、季節の移ろいを感じながら、キッチンのシンクでも、食事をするテーブルでも、どこか一カ所を磨きあげる。

あれもこれもではなく一カ所と決めることでそこに集中できますから、心がしずまり、整っていきます。そんな朝の一〇分間を、暁天坐禅にも劣らない、善因、良因をもたらすあなたの習慣にしませんか？

3

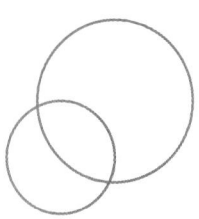

小さなことからコツコツやる

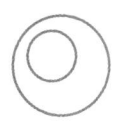

――〝なまけ者の努力〟があっていい

「勤精進《ごんしょうじん》」という禅語は、読んだそのまま、日々、精進に勤めなさい、怠《おこた》らず努力をしなさい、ということです。もちろん、根っから〝精進〟や〝努力〟といったことがきらいだ、そんな言葉は口にもしたくない、という人もいるでしょう。しかし、精進も努力もいろいろです。

精進といっても、何も禅僧のように自分を厳しく律し、ひたすら修行に励むことだけをいうのではありません。努力も、脇目もふらずそのことに打ち込まなければその名に値しない、というものではないのです。〝グズの精進〟や〝なまけ者の努力〟があっても、ちっともかまわない。私はそう思っています。

簡単なことでいいから、何かコツコツ続けられるものを見つけましょう。

「とりあえず、朝だけは同じ時間に起きるようにするか」

「せめて、寝る前に流しだけはきれいにしておくか」……。

とりあえずやること、せめてできることを、ひとつでいいから、毎日、コツコツ実践してみる。

それも堂々たる精進、努力です。不思議なことに、そんなことから、精進の清々しさ、努力のおもしろみがわかってくるのです。

4

丁寧に挨拶をする

——心の「メタボ」を解消する魔法の言葉

メタボリックシンドロームという言葉が話題になってから、ウエストサイズを気にする人が急増しています。もちろん、健康に気を配ることは大切ですが、私はみなさんに、もうひとつの「メタボ」にも意識を向けて欲しい、と願っています。

私たちは本来、一点の曇《くも》りもない、鏡のように澄みきった美しい心で生まれてきます。しかし、さまざまな場所や環境、他人とのかかわりのなかで生きているうちに、心が執着や妄想というものに覆われてしまう。何かが欲しくてしかたがなくなったり、他人を羨《うらや》んだり、妬《ねた》んだり……。

誰にだって経験があるそんな思いが、塵となって心を曇らせ、厚く包み込むのです。これがもうひとつのメタボ、「心のメタボ」です。

禅の修行はそのメタボを解消するためのものという言い方もできます。毎日、繰り返し「行《ぎょう》」を行なうことで、心の曇りを取り除いていく。禅では日常の行住坐臥《ぎょうじゅうざが》すべてが修行ですから、朝の挨拶、食事の片づけ、部屋のそうじ、といった当たり前のことを、疎《おろそ》かにせず、一つひとつ丁寧に行なうことが、そのまま心のメタボ解消につながっていくのです。

「おはようございます！」の元気な声で、塵がひとつ払われます。

5

簡単な「決まり事」をつくる

——頭で考えるのではなく、体で実践する

禅の修行の基本は「毎日、同じことをやる」ということです。起きる時間も、洗面の時間も、食事の時間も、また、そうじや読経《どきょう》、坐禅などお勤めをする時間も、就寝時間も……。すべて決まっていますし、それぞれのやり方（顔の洗い方や食事の作法など）も決められています。同じことを同じように繰り返し行ない、それをずっと続けていく。

頭で考えるのではなく、体で実践するからこそ、論理的な思考を展開する哲学とは違って、そこに身を投じる「（修）行」になるのです。ここがきわめて大事。

何かひとつでいい、自分で〝これ〟と決めて、毎日、繰り返し続けましょう。朝、同じ時間に起きる、それまでいい加減にしていた朝食をちゃんととる、起きたら真っ先に窓を開けて大きく深呼吸をする……。

何でもいいのです。たったひとつの〝決まり事〟なら、あなたにだってできると思いませんか？

続けることでものの見方が変わり、それまで気づかなかったことに気づきます。「毎朝六時に起きると、一日快調に過ごせるんだ」「朝の空気ってこんなに気持ちがいいのか」……。それが〝きっかけ〟になることは、いうまでもありません。

6

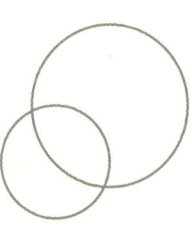

とにかく目の前のことから片づける

――優先順位に縛られない

何かをするときには、優先順位をつけることが大切だとよくいわれます。段取りよくものごとを運ぶという意味では一理あると思いますが、それにとらわれすぎるのでは、ちょっと困るのです。

なぜかというと、「まず、これから手をつけなきゃ。でも、資料がまだか。じゃあ、いまは資料待ちするしかないな」といった塩梅《あんばい》で、着手する条件がそろうまで時間を費やしてしまう、ということになりがちだからです。

禅はとにかく〝実践〟です。

優先順位は高くなくても、すぐに手が届くものは必ずあります。

企画書をつくるための資料を待っているあいだに、たまった名刺の整理もできるし、インターネットで情報のチェックもできます。何なら、デスクまわりを整頓したっていい。要するに、その場でできることをやってしまうのです。

「莫妄想《まくもうぞう》」は考えるな、考えるな、という意味の禅語。どちらが先でどちらが後だとか、これとあれではどっちが得でどっちが損だとか、思慮分別するのが妄想です。だから、行動が縛られる。そんなものを捨ててしまえば、動きが自在になって、ことはおのずとうまく運んでいくものです。

7

目標を「小さく」してみる

——〝大きくかまえる〟必要はない

「継続は力なり」。誰もが知っている言葉だと思いますが、いざ実行しようとすると、これがなかなかに難儀《なんぎ》です。

たとえば、ダイエットに取り組んでいても、「まぁ、きょう一日くらいはいいか。もう一膳、食べちゃおう」という〝なまけ心〟が、つい顔を覗かせる。その原因になっているのは、「よし、一〇キロやせるぞ！」という大目標にばかり目が向いていることなのです。何事も、大きくかまえると長続きしません。

「無《む》心《しん》にして大道《だいどう》に帰《き》す」という禅語は、悟ってやろうなどと意気込んで大きくかまえると、結局、そこにはたどり着けない、無心になって足元のことを一つひとつやっていくことで、それがたしかな足跡になり、いつしか悟りの境地に達しているのだ、と教えています。

足元こそ大事です。〝一〇キロ〟は忘れて、きょうの〝この一膳〟を控えるのが、継続するコツです。

仕事でも「今月は商品を一〇台売るぞ」ではなく、「きょう訪ねられる顧客をちゃんとまわろう」がいい。足元にはいつだってやるべきことがあるのです。それをしっかり見据えてこなす。すると、なまけ心が出る余地もなくなります。

8

自分に「ご褒美」をあげる

——節目節目に気合いを入れ直す

「何を始めても三日坊主で終わってしまう」。

たしかに、続けるのはそう簡単なことではありません。禅の修行は周囲に厳しい目があるので、それが継続の力ともなりますが、日常生活ではやめてしまうのもたやすい。そこで〝妙手〟を紹介しましょう。

私が住職を務める横浜市の建功寺には竹林があります。竹には誰もが知っているように節がある。一定の長さに伸びたら節をつくり、さらに伸びていくわけですが、その節で竹はしなやかに一本につながっています。

何かを続けようとするときにも節をつくるといいでしょう。一カ月続いたら、節目として何か自分に「ご褒美《ほうび》」をあげるのです。少しぜいたくな食事をするのでもいいし、ちょっとした買い物をするのでもいい。それを次の一カ月、さらにその次の一カ月と繰り返していく。ただ続けるのは張り合いがなくても、ご褒美という節を設けると、気持ちはぜんぜん違ってきます。

「よぉし、もう〝一節〟頑張るか！」ということになる。そうして一〇〇日もたつと、続けてきたことは習慣になり、ご褒美とはかかわりなく、自然に生活に取り込まれる。すっかり身について、苦もなく当たり前にできるようになるのです。

9

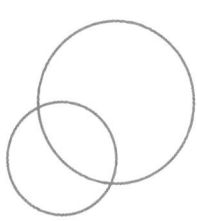

「最初の一歩」を踏み出す

――きっかけは自分の行動から生まれる

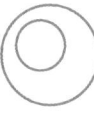

なまけ者、面倒くさがり屋、グズ……。耳が痛いという人が少なくないかもしれません。こうした人に共通しているのは、生活にルールや決まりといったものがなく、常に場当たり的に対応していることでしょう。

やっかいなのは、いったんそこに陥ると、歯止めがきかなくなること。一度なまけグセがつくと、トコトンなまけるようになって、そこから抜け出すのがむずかしくなるのです。水は低きに流れる、といいますが、まさにそれ。すべて楽な方へ、楽な方へ、と向かってしまう。

その結果、生きる姿勢が後ろ向きになって、身だしなみもだらしなくなり、言葉にも力がなく、行動も覇気《はき》が感じられないものになります。

「あぁ、まるで自分だ！」と思っても、気落ちすることはありません。何かひとつきっかけがあれば大丈夫。そこから抜け出す道は、必ず開けていきます。

禅語の**「他《た》は是《こ》れ吾《われ》に有《あ》らず」**は自分自身がやらなければ何も起こらない、他人のしたことは自分がしたことにはならない、という意味ですが、きっかけも自分が踏み出さなければ生まれません。しかし、一歩踏み出しさえすれば生まれるのです。それも小さな一歩でかまわない。そのことを、まず、胸に刻みませんか？

10

思いついたら、すぐやる

――「考えながら動ける人」になる

以前、「片づけられない症候群」というものが話題になったことがありました。文字通り、片づけができず、ゴミ満載の部屋で暮らしている人のことですが、これなど面倒くさがり屋の典型でしょう。

しかし、彼らも「片づけなきゃ」とは思っているのです。ただ、その後がいけない。「いつ片づけようか？」「どこから片づけようか？」とあれこれ段取りを考えてしまう。だから、体が動かなくなるのです。

「いつ」を考えれば、きょうか？　明日か？　週末か？　となるし、「どこから」を考えたら、まず、キッチン？　いやいや風呂場が先か？　玄関か？　となる。その間にかなりの時間が費やされ、落ち着くところは「あぁ面倒くさい」です。

思いついたらすぐやる、とにかく体を動かすことです。片づけを思い立ったら、四の五の考えずにゴミ箱のゴミをゴミ袋に移してしまいましょう。いったん動き始めたら、段取りなど後からついてきます。

陶淵明《とうえんめい》の詩にある**「歳月人《さいげつひと》を待《ま》たず」**という言葉は禅でもよく使われますが、時は容赦《ようしゃ》なく過ぎ去るものです。〝考えて動けない〟間も時間は止まってはくれません。あぁ、もったいない、もったいない！

11

使ったものは、元に戻す

——ものを整えると、気持ちも整う

整理することが苦手で、ものがあちこちに散乱している。面倒くさがり屋といわれる人の特徴かもしれません。

しかし、毎日の生活を送るうえで、雑然とした部屋が心地よいものであるはずがありません。部屋がすっきりとしていてこそ、気持ちよく暮らせる。では、なぜものが散らかってしまうのでしょう。

いくら面倒くさがり屋でも、部屋を使い始めた当初から荒れ放題だったということはないはず。一応はそれぞれの場所に整理されていたのに、テレビの上にあったリモコンがいつのまにか食卓に移動したり、マガジンラックの雑誌がベッド下の床に放り出されたりして、〝荒れた現状〟となったのです。つまり、使ったものを元あった場所に戻さないことが、すべての原因です。

もう、すっきり暮らすコツが見えてきたのではないでしょうか。

「使ったら、元の場所に戻す」。

これさえ心がければものは散らかるわけがないのですから、部屋は見違えるように整理されます。とてもシンプルなことですが、だからこそ、その実践は禅の世界と通じています。

12

「後始末」ではなく「次の準備」と考える

――自然と心が前向きになる発想のコツ

「男子厨房《ちゅうぼう》に入らず」もいまは昔、料理が趣味という男性が増えています。しかし、総じて後始末は苦手。使った調理器具や食器がいつまでも流しで放っておかれたりする、というのが定番です。

こう考えたらどうでしょう。「後始末」と思うから面倒になるし、すぐに手をつけられなくなるのです。「後始末」ではなく、次に気持ちよく料理をするため、楽しくつくるための「準備」だったとしたら、受け止め方は変わってきませんか？

この準備の思想は生活のあらゆる場面で応用できます。寝る前にテーブルをこぎれいにしておくのは「後片づけ」ではなく、翌朝、快適に目覚めるための「準備」になるし、洗濯だって汚れ物の「後始末」ではなく、清潔に装うための「準備」になると思うのです。やることは同じでも、断然、やる気が違ってくるでしょう。

失恋をしても、「あぁ、心の後始末をしなくちゃ」と考えるのではなく、「もっとたしかな、新しい恋のための準備をしよう」と受け止めれば、前向きに歩き出せるのではないでしょうか。

友人とのちょっとした諍《いさか》いも、絆を深めるための準備です。さぁ、「準備の思想」で、しなやかな強い心をつくりましょう。

13

〝死蔵品〟を処分する

——「捨てる」ことは「自由になる」こと

ものを大切にするのは美徳とはいえ、生活スペースは限られています。いつまでも捨てられないでいると、そこはあふれかえったもので圧迫されます。自分のなかに、捨てる基準をつくりましょう。

まず、使わなくなったもの、着なくなった洋服などが、何かに利用できないかを考えましょう。茶の湯では「見立て」といいますが、たとえば、洋服をほどいてクッションカバーにするなどして、〝新たな命〟を吹き込むのです。

見立てられないものは、基準にのっとって捨てます。目安は「三年」。三年着なかった洋服、使わなかったものは、その後も〝死蔵品〟であり続けることは必至。捨てるといっても、欲しいという人にあげたり、ボランティア団体に寄付したりすれば、有意義に活かすことができます。格別に思い出や思い入れが深いものは、例外としてケースに入れて取っておけばよいでしょう。

「放下《ほうげ》庵中《あんちゅう》放下人《ほうげにん》」という禅語があります。うらびれた庵《いおり》に世間のこだわりを捨て去った自由人が住んでいる、という意味ですが、放下する、つまり捨てることは、自由になることでもあるのです。部屋をひとしきり見まわすだけでも、基準に達したものがいくつも見つかるはず。さぁ、もっと自由になりましょう。

14

執着心を〝吹っ切る〟

――執着が執着を呼ぶ

欲しいと思っていたものを手に入れた。そのときは感動もあり、よろこびもあるでしょう。「やっと念願のクルマを買った。大事に使うぞ！」。その気持ちに嘘《うそ》はありません。ところが、しばらくときがたってくると、別の思いが湧いてきます。「クルマといっても、しょせん軽だからな。やっぱり二〇〇〇ccクラスじゃないと、乗り心地がどうも……」。いまあるものでは満足できなくなって、「もっと」欲しくなるのです。

この「次から次に欲しくなる」、つまり執着が執着を生むという構図は、どこまでいってもとどまることがありません。スパイラルに陥って、満足というものを得られなくなるのです。お釈迦様は入滅される前の最後の説法のなかで、「知足《ちそく》」ということに触れています。

「足ることを知る人は、貧しくても心が安らかだ。足ることを知らない人は、たとえ裕福であっても心の安楽を得られない」

それが、お釈迦様がいわんとしたこと。執着はどうしても湧いてきます。だから、思いきって〝吹っ切る〟ことが大事なのです。

「放下着《ほうげじゃく》」は何もかも打ち捨てろ、ということですが、腹を決めて吹っ切り、「もっと」の思いを捨ててみると、心の豊かさ、安らかさを実感できます。

15

いま、できることをする

——重い腰、あげませんか？

禅では行動、実践を重んじます。それを物語るエピソードとして、臨済《りんざい》禅師と黄檗《おうばく》禅師の間にこんな逸話があります。

とても木が育つとも思えない、岩の多い深く険しい谷に、松を植えている臨済禅師に、黄檗禅師がその理由を尋ねます。答えは「ひとつは山門の風致《ふうち》のため、ひとつは後人の標榜《ひょうぼう》のため」というものでした。

「巌谷《がんこく》に松《まつ》を栽《う》える」という禅語として伝わっている教えですが、その意味は、いま荒れ果てている人の心（巌谷）に仏の教え（松）を植えつけることが大切だ、ということです。

松はすぐには育たない。育つまでに五〇年かかるか、一〇〇年かかるかも知れず、自分の目ではその成長をたしかめることはかなわないけれど、将来、必ず育つことを信じて、いま植えることに意味がある。それが、臨済禅師のいわんとするところです。

「あそこに松があるといいなぁ」……。この話を私たちの日常に引き寄せれば、「こんな仕事がしたいなぁ」「こんな人間になりたいなぁ」と考えているだけでは、それが実現することはありません。そのためにとにかく行動する、いまできることをやる。それ以外に実現に向かう道はないのです。重い腰、あげませんか？

16

「明日から……」を封じる

——きょうという日は永遠にこない

このところ、お腹のまわりが気になってきた。そこで、「よし、明日から減量だ」と一念発起する。しかし、始められません。

「明日から」と思ったら毎日同じことの繰り返しになり、始めるはずだった〝明日〟はいつまでたってもやってこないのです。何もしないまま、ただただ時間が無駄に流れてしまう。始めるにはその瞬間、その場から取りかかるしかないのです。

「生死事大《しょうじじだい》　無常迅速《むじょうじんそく》」という禅語は、生まれて死ぬこと、つまり、人生は大切なものであるのに、時間はあっというまに過ぎ去っていく、ということをいっています。

ダラダラと過ごしてしまった時間を、後で取り戻そうとしても絶対にできません。限りある人生に無駄な時間が積み重なっていくだけです。そうして、最終章を迎えたとき、「わが人生、あれもやり残してしまったな、これもやらないままだった……」と後悔することになる。

もう、「明日から……」を封じませんか？　そのたったひとつのルールを決めたら、それがそのまま、時間を大事にして生きることにつながっていきます。さぁ、「わがよき人生」への第一歩を刻みましょう。

17

「やらないことリスト」をつくる

――「わが道」を見つけるコツ

人生とは自分の進むべき道を求めて歩き続けるものかもしれません。早い段階で「これだ！」というものが見つかり、そのことをやって生業《なりわい》が立てられたら、それが理想でしょう。

私は寺の住職ですが、庭園デザイナーというもうひとつの活動の場もいただいています。禅の庭に魅せられ、「いつか自分も造ってみたい」と思ったのがきっかけ。そこから、いつしかそれがもっとも自分が打ち込める趣味になり、気がつくと仕事にもなっていた。いつ、どこでそういうことが起こるかわかりません。

ですから、広い視野を持っていろいろなことに触れて欲しいと思うのです。

そのために役立つのが「やらないことリスト」。よく「やるべきことリスト」をつくる人がいますが、それは視野を狭めることにしかなりません。リストにあげたことに縛られてしまって、それ以外のことは視野から外れてしまうからです。

人を裏切らない、大風呂敷《おおぶろしき》を広げない、ずるいことはしない……。何でもいいのです。自分の感性が受け入れがたいことをリストアップして、それに抵触しないことだったら、尻込みせずに体験してみる。

わが道を見つけるコツは、そんなところにありそうです。

18

呼吸を整える

――気持ちがシャンとする「丹田呼吸」

ゆるんだ気持ちを引き締める――。〝ウダウダ派〟が、まず取り組むべき課題け、多くの人が苦手とするところなのでしょう。

そこかもしれません。といっても、直接、心に働きかけ、シャンとさせるのは、多くの人が苦手とするところなのでしょう。

だったらひとつ、呼吸を整えることから始めるのがいいと思います。禅の呼吸は丹《たん》田《でん》呼吸といって、臍《せい》下《か》丹田（おへその下二寸五分＝約七・五センチ）に意識を集中し、長く息を吐いて吸うというものです。みなさんはもっと簡単に、できるだけゆっくりお腹から息を吐き、吐ききったら今度はお腹まで吸い込むというイメージで行なえばいいでしょう。

呼吸と心は一体ですから、呼吸が整えば、自然に心も整い、気持ちが引き締まっていきます。引き締まるといっても緊張するのとは違い、やわらかでいて、しかも感受性が研ぎ澄まされるという状態。すると、それまで感じることもなかった小さな自然の変化も感じ取れるようになり、見過ごしてしまっていたものが見えてくるのです。

「あっ、この涼やかな風、秋の気配ってこういうことなんだ」「イチョウの葉が一日ごとに色づいてきているなぁ」……。

呼吸の効果、ぜひ実感してください。

19

間を置かずに気持ちを伝える

――すぐ応えるから、相手はよろこぶ

「どうも、彼とはわだかまりができてしまって……」。そんな相手がいませんか？友人や知人、あるいは仕事の関係者でも、些細《ささい》なことが原因で気まずい空気が生まれてしまうことがあります。

何とか関係を修復したいとは思うものの、これといった手立てが見つからず、ついつい先送りになってしまう……。思いあたるフシがあるという人は少なくないと思います。結果はどうでしょうか。これでは、わだかまりは深まるばかりですね。

間を置かずに行動する。わだかまりを消すこれ以上の秘策はありません。即刻相手に会って、「気分を害してしまったみたいで申し訳ない」「誤解を早く解いておきたくて……」。このあいだは配慮が足らなくてごめんなさい」と気持ちを伝えるのです。

どうしても時間が取れなければ、電話でもかまいません。顔と顔を合わせる、声と声を通わせる、これが大切。バツが悪いからとりあえずメールで詫びておこう、というのが〝いま流〟かもしれませんが、いくら便利なツールでも、このケースでは控えるのが原則でしょう。

メールで届くのはお詫びの「言葉」。直接、語りかけてこそ生身の「心」が届くのです。あなたが届けたいのはどちらですか？

20

「一人で生きているのではない」と信じきる

――禅が教える「出会い」の法則

人間関係がわずらわしいと思っている人は少なくないと思います。しかし、ひとりでは生きていけないのも、また人間です。

もちろん、愛想を振りまいて周囲に〝いい顔〟をすることはありません。しかし、ここぞというときに思いを打ち明けられる、悩みを相談できる、心から気持ちを通わせることができる……。そんな友の存在は人生の歩みの助けとなり、折々に励まし、癒し、勇気づけてもくれます。心からの友と手を取り合って生きていくことの大切さをいっているのが、禅語の**「把手共行《はしゅきょうこう》」**です。

ただし、さらに深く手を携えるべき存在があることを忘れてはいけません。

それは、心のなかのもうひとりの自分です。禅では「本来の自己」といったりしますが、我欲や執着、計算やはからいといったものがない、まっさらな心でいる自分。現実にどう生きていようと、誰のなかにもそんなもうひとりの自分がいるのです。人生の歩みをともにする、これ以上の相手はいません。

「いまはまだ、心の友にも、もうひとりの自分にも、出会っていない気がする」という人だって、不安になる必要はないのです。「必ず出会いがある」と信じきってさえいれば、〝そのとき〟に気づかないことはありません。

2章

「心の持ち方」を変える20の言葉

晴れの日も雨の日も
――前向きに生きる人の習慣

21

「何事も経験」と楽しむ

――人生には、晴れの日も雨の日もある

カラリと晴れ渡った日には心も軽やかになります。一方、雲が低く垂れ込めた日はどこか心も塞《ふさ》ぎ、雨が降りしきっている日は心が沈み込む、といったことになるかもしれません。行動するのも、雨の日には「あぁ、こんな日に出かけるのは億劫《おっくう》だな」という気持ちになる。

ところが、一歩外に出てみると、意外な気づきがあったりするものです。雨露に濡《ぬ》れたあじさいの瑞々《みずみず》しい風情に心を打たれたり、どこまでも深い苔《こけ》の緑に心が洗われるような気がしたり……。いずれも雨の日でなければ感じることができない味わいでしょう。

人生にも、晴れの日もあれば雨の日もあります。順境から逆境に転じ、いつかまた順境に入っていく。そんなことの繰り返しです。そのどこにいても、そのときでなければできない経験と出会うのです。

順境では生きる自信が得られるかもしれないし、逆境で不屈の忍耐力が培われるかもしれない。どれひとつとってもかけがえのない経験です。

禅語の**「日日是好日《にちにちこれこうにち》」**は、すべてがよい日という意味ではありません。どんな日もその日にしかできない経験を通して、生きる力を与えてくれる、ということです。

22

いま置かれた場所で、精いっぱい動く

——どんな石だって磨けば「玉」になる

こんな経験はありませんか？　恋人や友人とレストランに入ったとしましょう。おたがいが注文した料理がテーブルに置かれて、ふと思う。

「あれっ、あっちのほうがおいしそうじゃない!?」。

かつて〝隣の芝生（は青々と見える）〟という言葉が流行りましたが、他人のものがなぜかよく見えてしまうのは、人間に共通する心理なのでしょう。

だからといって、他人のものをわがものとすることはできません。料理ならシェアすることはできても、仕事や生活環境、家族関係や人間関係などは、自分が与えられたもの、いま自分がいるそのとき、その場所がすべて。決して他人と入れ替わることはできないのです。

「何で自分にくるのはこんなやっかいな仕事ばかりなのだ。それに引き換え、あいつにはいい仕事ばかりがまわってきて……」と羨んだり嘆いたりしてみたところで、まったく意味はありません。

禅には**「磨けば玉になる」**という言葉があります。どんな石でも、磨けば美しい光を放つのです。隣の芝生をボ〜ッと眺めていたって、自分磨きなんてできっこありません。いま置かれている場所で、精いっぱい動いてみるしかないのです。

23

大凶が出たら「よかった！」と思う

――苦難が人を磨き、苦労が人を育てる

お寺や神社に初詣《はつもうで》に出かけたり、何かの折に寺社に立ち寄ったりした際に、おみくじを引く人は少なくないでしょう。そんなとき、開いたおみくじが「大凶」。思わずしかめっ面になる場面ですが、私がその場にいたら「よかったじゃないですか」と声をかけます。なぜなら、大吉はそこが頂点で後は運気が下がるばかりですが、大凶はいまが最悪の状態ですから、これからは上がる一方なのです。

禅は常にそのものと一体になれ、そのもの一切合切を受け入れよ、と教えています。楽しいこととは一体になれるけれど、苦しいこととは一体になれない、ということはないのです。

人生ではさまざまな試練に出遭いますが、その人が乗り越えられない試練が与えられることはありません。それが仏様の思《おぼ》し召し、天の配剤です。

「こんなのいやだ、受け入れがたい」といったところで、その境遇から逃れることはできないのです。だったら、「これも得がたい経験だ。よ～し、トコトンつきあってやろうじゃないか」と懐に入れてしまう。

苦難が人を磨き、苦労が人を育てる、といいますが、それも正面から引き受けてこそ、です。大凶？　よかったじゃないですか！

24

〝斜め〟に動かない

――「よし！」と真正面から受ける

世の中をスイスイと渡っていく。世渡り上手といわれる人の生き方は、ときに羨ましく映ることがあるかもしれません。彼らの特徴をひと言でいえば、〝体をかわす〟ことにあるといっていいでしょう。わずらわしいこと、面倒なことにぶつかりそうになると、すばやく斜《しゃ》にかまえてやりすごしてしまう。

風でも正面から受けるとたいへんですが、体を斜めにすると抵抗がグンと少なくなります。世渡り上手も、そうして浮き世の風を受け流しているのです。

禅語にこんなものがあります。**「歩《ほ》歩《ほ》是道場《これどうじょう》」**。人生は一歩一歩が修行であり、自分がいるどの場所も、みずからを鍛える道場である、ということです。

さぁ、あなたはその修行の一歩を真正面に踏み出しますか？　それとも斜めに進めますか？

正面の一歩は、風をまともに受ける厳しいものであるかもしれない。しかし、風を孕《はら》みながらも一所懸命に進める一歩の力強さは、斜めに逸《そ》れていくそれの比ではないのです。

孕んだ風はいつか、自分を高みに引き上げてくれますが、かわした風は何も残してはくれません。「よし、正面から引き受ける！」。その意気やよし、です。

25

すぐに他人と比べない

——人生は「自分が主人公」

学生時代の仲間が久しぶりに集まると、話題の中心になるのは現況報告。ひと通り、それぞれの個人情報が知れ渡ったところで、頭のなかを占領するのはこんな思いです。「あいつ一部上場の課長になったか、そこにいくと、こいつはちょっとうだつが上がらないな」。自分と比較して〝あいつ〟には負けた、〝こいつ〟には勝った、と順位づけをして、妙に複雑な気持ちになる。

比較するから心が騒ぎ、悩みを背負い込むことになるのです。

禅は比較をするな、と教えています。比べるから、どちらが上とか下とか、よいとか悪いとか、得とか損とかという分別が出てきて、悩んだり迷ったりするのです。「こんな仕事つまらない。おもしろきゃ頑張るのに……」という思いも、比較がもたらすものです。

「主人公《しゅじんこう》」はもともと禅語で、心のなかにある「本来の自己」「本来の面目《めんもく》」のこと。すなわち仏性です。それに目覚めると比較から離れ、それぞれが絶対だと気づきます。つまらない、おもしろい、ということでなく、自分がかかわるべき絶対の仕事だったら、本気で取り組もうという気になりませんか？　そう考えたら、仕事ばかりでなく、いつだって、どんなことだって、自分が主人公として向き合っていけるはずです。

26

自分の「持ち味」を出す

――「精いっぱいの自分」で取り組む

自分の能力がどこにあるのか、どんなところでなら能力を活かせるのか、なかなかわからないものです。与えられた仕事を、ただ「ぼちぼちやるか」ということになるのも、そんな歯がゆい気持ちが働いているからでしょう。

これは発想が逆です。ここぞという場所やこれぞという仕事があるから能力が発見できたり、活かせたりするのではありません。そこがどこであろうと、それがどんな仕事であっても、精いっぱいの自分で取り組むから、能力があらわれてくるのです。

もし酒が飲めないのに接待を仰せつかったら、「何とか早く切り上げたいな」と考えるかもしれません。ここは自分の能力を発揮できる場ではない、というわけです。

しかし、飲めないながらも、「何とか相手に心地よい時間を過ごして欲しい。そのためにはどうしたら……」という姿勢で臨めば、さまざまな対応ができるはず。その結果、先方から「彼がいてくれるといつも楽しい。いい持ち味だね」といった声があがるようになるのです。

禅語の**「本来《ほんらい》の機《き》を顕発《けんぽつ》す」**は、持ち前の力を出す、持ち味を発揮するという意味。どこでも持ち味が出せる。それこそ、能力が十全にあらわれている姿です。

27

仕事は自分でおもしろくする

――お茶の入れ方ひとつにも工夫を凝らす

「仕事がおもしろくない」とぼやく人がいます。いや、大多数の人が多かれ少なかれ、そう思っているのかもしれません。

その延長線上にあるのが、「どうせおもしろくもないのだから、上から指示されたこと、命令されたことだけ、そこそこやっていればいい」という仕事観です。それが楽だといわれれば、否定するつもりはありませんが、こんな禅語があることを知っていますか？

「随処《ずいしょ》に主《しゅ》と作《な》れば、立処皆真《りっしょみなしん》なり」。その意味は、どんなところにいても、自分が主体的になれば、ブレたり周囲に惑わされたりすることはない、ということ。つまり、そこに自分の世界が展開できるということでしょう。

おもしろくない仕事などないのです。おもしろくするのも、おもしろくなくするのも、自分自身。どんな仕事も自分独自の工夫や発想を加えれば、たちまち主体的なかかわりになります。

たとえば、お茶を入れるのだって、工夫ひとつで「○○さんが入れてくれたお茶はうまい。ひと味違うね」ということになる。たかがお茶を入れる〝仕事〟にも、その人の世界ができあがるのです。これって、おもしろくないですか？

28

雑用こそ進んでやる

「面倒くさい」と避けると利息がつく

「誰かこの資料をまとめてくれないかな」。上司からそんな声がかかったとき、あなたならまず、何を考えますか？

「何だか面倒くさそうだな」と思ったら、白羽の矢が立たないようにと、上司と目を合わせないようにするでしょう。逃げです。さて、それがどんな結果を招くか。ここはぜひ知っておいて欲しいところです。

上司からの依頼は〝縁〟です。それを引き受けることで縁が結ばれるのです。たとえていえば、春風が吹いて桜の花が開くようなもの。春風という縁は、どの蕾《つぼみ》にも平等に吹きます。ところが、開く花と開けない花がある。なぜなら、前者がしっかり縁を結んでいるのに対して、後者は縁を見過ごしてしまっているからです。

結ばれた縁は次の縁を呼び、さらに次の縁につながっていきます。仕事でいえば、どんどん重要な仕事をまかされるようになって、自分の存在を光らせることになるわけです。一方、見過ごしてしまった縁は、戻ってはきません。

禅語に「水至渠成《すいしきよせい》」というものがあります。水が流れるところには、たとえそれがわずかな量でも、必ず渠《みぞ》ができるという意味ですが、小さな縁を結んでいくことが、たしかな自分の道を切り開き、存在感を高めることにつながっていきます。

29

結果にこだわらない

――すべてのものごとは関係している

「自分がやった仕事の結果が見えない」。そんな声をよく耳にします。

たとえば職人さんの世界では、自分が打った包丁が完成品であり、「よく切れるし、いつまでも切れ味が落ちないね」という称賛は、そのまま自分の仕事に対する評価になる。つまり、仕事の結果がはっきり見えるわけです。

一方、携帯電話の一部に使われるチップをつくるといった仕事では、それがどこでどう使われ、どんな役割を果たしているのか、一般的には見えないし、わかりません。大半の人が、そうした結果が見えない仕事に就いています。それが、仕事がつまらない、仕事に打ち込めない、という思いにもつながっていくのでしょう。

しかし、仏教ではすべてのものごとは関係性のなかで生じると考えます。小さなチップが他のさまざまなものとかかわって、携帯電話という商品ができあがっている(生じている)。それがなければ生じないという意味で、目に見える本体のデザインをする仕事も、見えないチップをつくる仕事も変わりません。そこに優劣などないのです。

結果など見えなくたっていいじゃないですか。たしかにかかわっている。そのことに、もっともっと、自信と誇りを持ちませんか?

30

仕事をやりかけにしない

——時間を使いきる人、時間に使われる人

どうも時間の使い方がうまくない、時間配分ができない、という人がいます。ところが、そういう人に限って、一日の予定をこまかく決めていたりする。「そろそろ予定の時間ですから、この続きは後日ということに……」。ビジネスミーティングでもそうした対応になりがちです。

趙州《じょうしゅう》禅師にこんな言葉があります。**「汝《なんじ》は一二時《じゅうにじ》に使われ、老僧《ろうそう》は一二時《じゅうにじ》を使《つか》い得《え》たり」**。

この一二時は、いまでいえば二四時間。言葉の意味は、おまえは時間に使われているが、私は時間を使いきっている、ということです。

予定が多少ズレても、取りかかっていることに決着をつけてしまう。時間を使いきるとはそういうことです。

逆に、予定を守ることにこだわって、懸案事項や問題を先送りにしてしまい、結局、結論に至るまでに時間がかかるというのが、時間に使われているということでしょう。

もちろん、相手の都合にも配慮する必要はありますが、「お時間が大丈夫でしたら、ここまでやってしまいませんか？」という姿勢で臨めば、礼を失することはありません。時間は主体的に使いきることです。

31

締め切りをつくる

――「いまやるべきこと」を明確にするコツ

つらいより楽なほうがいい。それが人間の本音でしょう。だから、ともすれば楽なほうへ、怠惰へと流れてしまう。

そこで、歯止めが必要。締め切りです。締め切りを設けると、「いつかやればいい」という気持ちではいられなくなり、「いついつまでにこれをやる」「あれを終えたら、次はこの作業」というふうに段取りが生まれます。言葉を換えれば、いまやるべきことがそのつど明確になる、といってもいいでしょう。

「道《みち》に古今無《ここんな》し」という禅語は、真理を究めるための道は、どんな時代であっても変わることはない、ということを教えています。同じように、締め切りがあって、段取りが生まれ、やるべきことがわかって、ことが成っていく、という〝成就の法則〟も不変のものだと思います。

ところで、締め切りというと、どこか圧迫感がある印象かもしれませんが、みなさんには締め切りに心弾ませた経験だってあるはず。この日と決めたら、労を惜しまず情報を集め、入念に吟味し選択して……。「この映画を観て、レストランはここだな。そうだ、話題も考えておかなきゃ」。デート当日という〝締め切り〟に向け、いかなる努力も惜しまなかったことや、それを楽しんだこと、思い出してください。

32

人の役に立つ

——よろこばれることは「気持ちいいこと」!

　私は講演会などで、聴衆のみなさんにこう尋ねることがあります。「みなさんは何のために仕事をしているのですか？」。答えは想像がつくはず。家族を養うため、もっといい生活をするため、預貯金を増やすため……。

　そこで、私はもうひとつ質問を重ねます。「もし豊かな生活ができるだけの十分なお金があったら、どうしますか？」。この問いに対し、「だったら仕事なんかしない」と答える人はほとんどいません。他人のためになること、感謝されること、何か少しでも社会の役に立つことをしたい、という答えが圧倒的です。

　きれいごとではなく、働くこと、仕事をすることの意義は、他人のため、社会のためになって感謝されることにある、と、心の奥底では誰もが感じているのです。「いい仕事をしてくれてありがとう」。そんな評価を得て、はじめてやりがいを実感できる。利益だけを追求して高収入を得たって、そんな生きている充実感は味わえません。

　もちろん、生計を立てるということは仕事をする大前提でしょう。しかし、そのうえで、〝役に立ってよろこばれる〟ために働くのだ、という仕事観を持つことが大切だという気がします。そろそろ、「仕事、やりたくない」は返上しませんか？

33

最初は裏方に徹する

——「四〇歳までは人の前に立つな」

仕事でも、趣味でも、スポーツなどの勝負事でも、他人より一歩抜きん出たいという気持ちは誰にでもあるものです。それが自己研鑽《けんさん》の動機になって、自分を向上させるエネルギーにもなります。ただし、仕事にはチームワークがありますし、チーム内の上下関係もある。そのあたりの配慮なしに突っ走るのは問題ありです。

「四〇歳前には人の前に立つな」ということがいわれます。不惑《ふわく》の四〇歳になるまでは自分の地歩を固めることに努め、他人のために縁の下の力持ちに徹することも厭《いと》わない。それが自分を成長させる肥やしになる、ということです。

相応の能力があっても、若くして前に出ようとすると、周囲から引き戻す力が働きます。経験不足や未熟さからミスでも犯せば、「それ見たことか！」と一斉砲火を浴びせられることにもなりかねない。

一方、前に立つことをせず、「利他《りた》」、つまり、まず他人を利することで、他人のためになることを優先させて自分を鍛え上げてきた人は、四〇代になると、周囲から自然に前に押し出されるようになるのです。たとえば、プロジェクトの立ち上げの際、「リーダーは彼以外にいない」という声が一斉にあがる。不動のリーダーとはそういうものです。

34

「自分と約束した」と考える

――「やらされている」と思うから、やる気が失せる

仏教ではもともと農作物などをつくる生産活動が禁じられていました。生活の糧はすべて乞食《こつじき》、いわゆる托鉢《たくはつ》によって得るのが決まりでした。

ところが、インドから仏教が伝わった中国では、山の奥深いところに寺が建立《こんりゅう》されたため、托鉢をしてその日のうちに寺に戻ることができなくなったのです。そこで、修行の暮らしをまかなう米や野菜などを自前でつくるようになったというわけです。

その作業は「作務《さむ》」と呼ばれ、百丈禅師《ひゃくじょうぜんじ》によって、坐禅と同じ修行として位置づけられました。ちなみに、百丈禅師は禅寺の修行マニュアルともいえる「百丈清規《しんぎ》」をまとめ、それがいまも禅寺の生活、修行の規範となっています。

禅では作務をこう位置づけています。

「人が人であるための基本行為である」

なぜ基本行為かというと、それが「きょうこれをやろう」という自分との約束だからです。意に沿わない仕事や面倒な仕事を「やらされている」と思ったら、やる気が失せるのも当然です。

しかし、果たすべき自分との約束と思ったら、少し違ったとらえ方ができそうです。それを果たすのは誰でもない、自分しかいない。そうではありませんか？

35

他人をあてにしない

――「誰かがやってくれる」と甘えない

「できればやりたくない」

仕事の場面でも、プライベートでも、そんな思いになることが誰にでもあるでしょう。実際、自分がやらなくてもすんでしまうことも少なくないかもしれません。

そうしてやり過ごしているうちに、いつかそれが習い性になる。いわゆるサボり癖です。その根っこにあるのは「自分がやらなくても誰かがやってくれる」という他者依存の考え方。当事者意識の欠如、あるいは使命感のなさ、といってもいい。

雨が降ってくれば、誰でも自分で傘を開きます。誰かが傘を差しかけてくれるまで濡れるにまかせて待つ、などという人はいません。

ところが、仕事やプライベートのさまざまな場面では、他人の傘を待っている人がいかに多いことか。まったくおかしな話です。〝当事者〟として生きるほかはないのが自分の人生。その人生は一刻、一刻の積み重ねです。

だったら、どの一刻も当事者として生きることが、人生をまっとうすることだとは思いませんか。**「風来《かぜき》たりて門自《もんおの》ずから開《ひら》く」**という禅語は、ただひたすら努力を重ねていると、閉ざされていた門も自然に開くという意味。他人の努力を借りて開かれる人生などありません。

36

自分の立ち位置を見つめる

――全力疾走では、足元の景色がわからない全力疾走《しっそう》で駆け抜けたような人生、という表現があります。たとえ時間は短くても、充実感に満ちた生涯であったろう、と心から敬意を表したい思いがします。

しかし、その一方でこうも考えるのです。ひと呼吸おいて、自分の立ち位置を見つめながら生きるのも、またいい、と。

人生を登山になぞらえることがありますが、一気呵成《いっきかせい》に頂上まで登るというのが、〝全力疾走〟の生き方です。そこから眺める絶景は、まさに〝頂《いただき》〟に到達しなければ目にすることのできない、感慨深いものでしょう。

しかし、山の三合目には三合目、五合目には五合目、それぞれの景観があります。そこでひと呼吸おいて、足元をたしかめながら、そこからしか望めない景観を楽しみ、登ってきた路程に思いを馳《は》せるのも、人生の深い味わいです。

「悠々去来《ゆうゆうきょらい》に任《まか》せる」は、周囲に流されることなく、ゆったりと生きる、ということを意味する禅語。

どんな足取りで人生を行くかは、自分にまかされています。周囲から「ずいぶんのろいなぁ」といわれても気にすることはありません。一合目ごとに、ひと呼吸おいたっていいのです。

37

ひとつのことに没頭する

――人生に「てこの原理」は通用しない

少ない自己資本で他社の資本を動かし、効率よく利益をあげるのが、経済学でいうレバレッジ（てこの原理）です。平たくいえば、他人の褌《ふんどし》で相撲を取ろうというわけですから、なまけ者にはうってつけの方法にも思えますが、経済活動ならまだしも、人生ではそんな手法は通用しません。

禅に**「一行三昧《いちぎょうざんまい》」**という言葉があります。三昧はゴルフ三昧、読書三昧といった使い方をするように、脇目もふらずそのことに徹しきること。一行はひとつのことという意味ですが、修行に限ったことではありません。仕事でも、稽古《けいこ》事でも、遊びでもかまわないのです。

六祖・慧能《えのう》禅師は、一行三昧によって、そのとき、その場所が「極楽浄土《ごくらくじょうど》」になる、と説いています。心が落ち着いて、豊かに安らかになる、ということです。

てこの原理を狙って他人を利用しようとすることはもちろん、他人を少しでも意識したら、一行三昧からは離れるばかり。とにかく自分をひとつのことに投げ込んでみることです。

「そういえば、好きなゴルフをやっているとき、頭から何もかもなくなって、ただクラブを振っているってことがあるな」。それぞ一行三昧。できるではないですか！

38

ときには涙を流す

——成功、失敗よりも大切な経験がある

仕事でも、プライベートな場面で直面するさまざまな問題への対処でも、当然、うまくいくときもあれば、失敗に終わることもあります。一般的には、成功は誇るべき経験、失敗は苦い経験ということになるのでしょうか。

「うまくいったことなんて数えるほど、失敗の経験ばかりが多くて……。めげるなぁ」と溜《た》め息をついた人、安心してください。同じ思いを抱いている〝同輩〟はたくさんいます。

成功も失敗も、同じ結果です。いずれにしてもそれは変えようがないから、受け入れるしかありません。そのうえで、成功は自信やノウハウの蓄積として、失敗なら同じことを二度と繰り返さないための妙薬として、活かせばいい。

ただし、経験にはそれ以上に重要なことがある、と私は思っています。成功、失敗を問わず、「涙を流せるかどうか」です。

成功のうれし涙、失敗の悔し涙。それが、あなたがそのことにどう取り組んだか、どんなふうにかかわったか、を何よりも雄弁に物語っています。誤解を怖れずにいえば、涙が流せたら成否などどうでもいい。心にしみ入って豊かにしてくれるのは、その〝涙の経験〟だからです。

39

考えるより「体感」する

――追い込まれると、ふっといい智恵が湧く

「窮《きゅう》すれば通ず（じる）」という言葉がありますが、人間、トコトンまで追い込まれると不思議な力が出るものです。「火事場の馬鹿力」という砕けた言い方もありますね。

禅の修行ではそのことを身をもって経験します。曹洞宗では坐禅、臨済宗は公案《こうあん》、いわゆる禅問答で、修行僧は徹底的に追い込まれます。

もう、全身の感覚がなくなって坐禅の姿勢を保てない、いくら言葉を思い浮かべてみても答えが見つからない、というところまで追い込まれると、ふっと力が抜けていい坐禅の姿勢が取れたり、師匠が頷《うなず》く答えに行き着いたりするのです。

まさに、窮して通じる姿。その心も体もすべて投げ打つ経験から、生きていることのありがたさが会得されます。

もちろん、ふつうの生活ではそこまで追い込まれることはないでしょう。それでも一つひとつの経験を蔑《ないがし》ろにせず、めいっぱいそこに心身を注ぎ込む姿勢は必要です。

「冷暖自知《れいだんじち》」という禅語は、水の冷たさも温かさも、実際に自分で飲んでみなければわからないという意味。頭で推しはかったり、思い巡らせたりするのではなく、体感することの大切さを表します。火事場の馬鹿力の源は、何といっても経験です。

40

「違い」を受け入れる

――それぞれ、できることもできないこともある二六歳の若さで亡くなった詩人・金子みすゞさんの「わたしと小鳥とすずと」という作品に「みんなちがって、みんないい」という一節があります。わたしも、小鳥も、すずも、それぞれできることもできないこともある。だから、できないことを嘆いたり、羨んだりせずに、できることを精いっぱいやる。その姿がそれぞれにすばらしいのだ、というのが作品の主題でしょう。

本当に、「みんなちがって、みんないい」はずなのに、その真理をまっすぐに受けとめるのがむずかしいのです。チラッと脇見をして、誰かとわが身を引き比べ、「あいつは仕事ができるからなぁ」「彼女、私よりずっときれいだもん」「お隣は裕福だし……」と嘆いたりする。

「雁去《がんさ》り燕来《つばめく》る」という禅語は、春になると雁は北に帰っていき、それと入れ替わるように燕が南からやってくる、ということ。その意味は、雁も燕も、ごくごく自然に当たり前に、それぞれの姿をまっとうしきっている、ということでしょう。つまり、みんなちがって、みんないい、なのです。

石川啄木《たくぼく》に「友がみなわれよりえらく見ゆる日よ……」という詩がありますが、そんな日には、この一節を小さく心で叫んでみましょう。

3章

「人生はいましかない」――それが生きるコツ

「明日への不安」が消える10の言葉

41

「きょうが最後」と思って生きる

――だから、いまを「本気になって」生きられる

「明日があるさ」という言い方には、将来に希望を託す〝明るさ〟があって、耳にも心地よく響きます。

しかし、一方では「きょう」を、「いま」を、軽んじる生き方にもつながっていくからやっかいです。米国のアップル社の創業者の一人であるスティーブ・ジョブズはこんな言葉を残しています。

「もしきょうが最後の日だとしても、いまからやろうとしていることをやるだろうか」

彼は、毎朝、鏡に向かってこう問い続けたといいます。

きょうしかないと考えると、本当に大切なものしか残りません。毎日を〝最後〟と思って生きることこそ大切だ、という彼の生き方に多大な影響を与えたのが、一七歳のときに出会い、生涯、師と仰ぎ続けた曹洞宗の乙川弘文《おとがわこうぶん》師でした。

「明日がある」ではなく、「きょうしかない」というのは、まさしく禅的な生き方です。だから、いまを本気になって生きられる。

「まぁいいや」という気持ちになったとき、心の底に「だって、明日があるから……」という思いがありませんか？　その日を本気で生きていると、胸を張っていえますか？

42

まとうものを少なくする

――ジョブズが禅から学んだ〝簡素の美〟

前項で紹介したスティーブ・ジョブズの禅的生き方は、アップル製品に色濃く反映されています。パソコンの「Mac」にしても、スマートフォンの「iPhone」にしても、徹底的に無駄が省かれています。

日本のメーカーのパソコンやスマホが機能満載、いわゆるガラパゴス化しているのに対して、アップル製品はいかに簡素化して使いやすくするかにこだわっています。Mac のノーマルバージョンにインストールされているアプリケーションは、それこそ必要最小限しかありません。

そこには禅の世界が展開されている、といってもいいでしょう。たとえば、禅の庭「枯山水《かれさんすい》」は石組みと白砂《はくしゃ》だけで構成されています。世界遺産に登録されている京都・龍安寺《りょうあんじ》の石庭も、使われている石の数はわずか一五。しかし、限りない広がりと深みを感じさせて美しい。それが禅の〝簡素の美〟なのです。アップル製品にも共通するものがある、と私は思っています。

もちろん、何に「美しさ」を感じるかは人それぞれ。簡素さにそれを求めるのがよくて、きらびやかに飾られたものを美しいとするのがよくない、ということではありません。ただ、まとうものが多いと、それだけ生きるのが大変になります！

43

「自分もいつかは死ぬ」

――〝死〟は、こう考えたらいい

われわれがこの世に生まれてきた瞬間から、たったひとつ決まっていることがあります。それは「死ぬ」ということです。

ところが、ふだん人は死を考えないで生きています。死ぬのが怖いから、あえて、あるいは無意識のうちに、そこに思いを至さないようにしているのかもしれません。

それが、いざ現実の死がヒシヒシと迫ってきたとき、狼狽《うろた》えたり、不安に駆られたりする一因にもなっているのでしょう。

頓知《とんち》で有名な一休《いっきゅう》禅師にまつわるこんな話があります。さる有力大名が、臨終まぎわになって死の恐怖にとらわれ、家臣を禅師のもとにつかわします。死の恐怖から逃れられるひと言を何かいって欲しいというわけです。屋敷に赴いた禅師は、息も絶え絶えになっている大名に向かってこう告げます。

「心配せんで、先に逝《い》っていなさい。わしも後から逝く」。

誰も死を免《まぬが》れることはできません。あるのは、早いか遅いかの違いだけ。そこでは自分に生を受け渡してくれたご先祖様が待っているし、後からは自分の生を受け継いでくれた愛すべき人たちがやってくるのです。そう考えたら、死を遠ざけることも、怖れることもなく、いま生きることに一所懸命になれるはず。

44

明日のことは考えない

――あなたが歩いた後に、足跡は残っているか?

時代とともに移り変わるのが社会。仕事の環境もすっかり様変わりしています。日本的な経営の象徴でもあった終身雇用のシステムは完全に壊れ、企業が必要に応じて派遣や臨時雇用で人員を確保し、必要がなくなればスリム化する、というのが当たり前になっています。

こんなときだからこそ、心をどっしり安定させて生きることです。まわりの動きが気になって一喜一憂しがちですが、ここは踏ん張ってひとつの姿勢を貫くこと。

「而今《にこん》」という禅語があります。「いま」にこそ絶対の真実も、天地いっぱいの命もある。そのいまを何より大切にしなさい、という教えです。

たしかなのは、いま、そこで仕事をしている自分以外にないのです。明日のことをどんなに心配してみたって、勝手に想像した曖昧《あいまい》なものでしかありません。明日にならなければ、明日の〝たしかな自分〟とは出会えないのです。だから、いまに徹しましょう。

いまできることを徹底的にやる。一点に集中していれば、脇見もよそ見もしなくてすむ。心が動じないのです。徹すれば、必ず、そこに足跡が残ります。その足跡を実績とも評価ともいうのです。

45

「自分の力」が及ぶ範囲を知る

――三世に恥じない生き方とは

生まれてきて、死んでゆく。それが人の一生です。しかし、私たちは「生」と「死」を、それぞれ一度だけ経験するのではありません。「だって、生まれるのも一度、死ぬのも一度じゃないか」ですって？　ところが、じつはそうではないのです。

仏教では**「われわれは常に三世《さんぜ》のなかに生きている」**といいます。三世とは過去、現在、未来。この時間は途切れることなくつながっています。いま生きている現在は、ひと呼吸した後ではすでに過去となり、同時に私たちは未来に生まれています。過去に死んで、未来に生まれる。その「生死」を繰り返していくことが、すなわち生きているということなのです。

何だか禅問答のようになりましたが、過去と未来の狭間《はざま》にある現在にしか、私たちの力は及ばない、ということを知って欲しいのです。「いまなすべきことしかできない」といった方がわかりやすいかもしれません。

なすべきことをしなければ、あっという間にそれは悔いの残る過去になってしまいます。いくら悔いてもその過去は永遠に戻りません。

丁寧に、丹念に、いまなすべきことをやっていく。三世に恥じない生き方とは、おそらく、そういうものだと思います。

46

坐禅を組んでみる

――「しなやかで強い心」をつくる

人間関係ではさまざまなことが起こります。当然、想定内のこともあれば想定外のこともあるでしょう。信じきっていた相手に裏切られた、心から愛していた恋人に、突然、別れを告げられた……といった状況は、後者ということになるのでしょう。

そんなときには、悲しみの淵《ふち》にいると感じたり、虚《むな》しさが心を覆い尽くしてしまったような思いにとらわれたりするかもしれません。

それはいいのです。しかし、気持ちの矛先《ほこさき》を相手に向け、怨《うら》んだり、憎んだり、なじったりするのはやめることです。

「無常」――あらゆるものは変わらずにはいない、常に移ろいでいる、とするのが仏教の根本的な考え方です。それに倣《なら》えば、人の心が変わったとしても、少しも不思議はないのです。

絶対の信頼も、永遠の愛も、相手に求めるものではありません。まず、そのことを受け入れましょう。

「只管打坐《しかんたざ》」とは、ただひたすら座ること。曹洞禅の基本ですが、座ることによって、姿勢が整い（調身）、呼吸が整い（調息）、心が整います（調心）。無常をヒシヒシと感じたときは坐禅がいちばんです。しなやかで強い心になっていきます。

47

「心の目」を意識する

――何があってもかくしゃくと生きる

静岡県三島市にある龍沢寺《りゅうたく》の住職を戦中、戦後に務められた山本玄峰《げんぽう》という老師がおられます。病のため若くして失明し、その後、四国八八カ所のお遍路《へんろ》のさなか、行き倒れになったところを、山本太玄《たいげん》和尚に助けられて、仏門に入ることになった方ですが、その際、和尚から「親からもらった目は見えなくなっても、一度心の目を開くと、一生見えるぞ」といわれ、修行の道に入ることを決意したと伝わっています。

心の目がどのようなものか、言葉で説明するのはむずかしいのですが、老師はまさしく鋭い眼光で世の中を見ておられました。太平洋戦争最末期、鈴木貫太郎《かんたろう》首相に終戦をすすめたのは老師ですし、終戦の詔勅《しょうちょく》に「耐え難きを耐え、忍び難きを忍び」という文言を加えるよう進言したのもそうです。政財界の大物にも慕う人が多く、みな何かにつけて老師の助言を求めたといいます。

こんなすごい逸話も残っています。ある剣の達人が、老師の姿を見るなり「あの人は斬れぬ。衣と体が一体になっている」と舌をまいたというのです。心の目で見据えられ、身動きも取れなかったということでしょう。

光を失ってなお、かくしゃくと生きる。そんな老師の存在は時代を貫いて、あらゆる「生」を励ましてくれます。

48

「老い」を前向きに受け止める

――歳を取ることは、円熟すること

仏教では「生老病死《しょうろうびょうし》」を四苦といいます。誰もが、必ず、その四つの苦しいステージを経験するのです。どれも、甲乙つけがたいというのはヘンですが、しのざきるのは等しく大変なこと。昨今はさかんにアンチエイジングが話題となっていますから、老いをとくに深刻に受けとめる傾向があるのかもしれません。

覇気も気概もなくなり、肉体も衰えて、だんだんみじめになっていく。老いをそんなふうに受けとめたら、気持ちも萎《な》えていきそうです。

曹洞宗總持寺《そうじ》の貫首を務められた板橋興宗《こうしゅう》禅師の言葉にこんなものがあります。

「歳を取るということは、老いることではない。円熟することだ」。人に老いることなし、ただ円熟あるのみ、という禅師の一言、心強くありませんか？

円熟とは深みを増し、心大らかになっていくことでしょう。歳を重ねるごとに、さらにさらに、そうなっていく。悲哀どころか、歓喜をもって受けとめるべきことではないですか。

板橋禅師はみずからのがんについても「いやだと思ってもしかたがない。仲よくやっていけば、進行も遅い」と語っています。円熟の域にしていえることだと思います。心静かにゆるゆると、円熟を進めましょう。

49

「どんなふうに死にたいか」と考える

――「やり残したことが何もない」という理想

「死に様」という言葉がありますが、死の迎え方は人それぞれに違うものです。

私の寺の先代はよくこんな話をしていました。

ある禅僧についてですが、その方は、毎日、修行僧と同じように生活されていて、その日も自分で下着を洗濯し、干した後にみずから床を取り、「そろそろ、お迎えがくるから休むぞ」とだけいって、横になられた。しばらくして弟子が様子を見にいくと、そのまま亡くなられていた、というのです。

あまりの自然さに周囲はビックリしたそうですが、わかる人には自分の死期が感じ取れるのだと思います。往生の理想とはそういうものでしょう。

自分の生を淡々と、しかし、一瞬一瞬を精魂込めて生き、どの瞬間にも心にわだかまるものがない。この禅僧の「死に様」からは、そんな「生き様」が連想されます。

人間、生きてきたようにしか死ねないのかもしれません。

いつ命が尽きても「やり残したことが何もない」という状態。なかなかできることではありませんが、そうありたいと心のどこかに刻んでおくことが、一歩でもその域に近づくことにつながるのだと思います。

50

履き物をそろえる

――行動を起こすための最強の原動力とは

何かに取り組む、行動を起こすための最強の原動力は何でしょうか。なかなか行動しない人を見ると、その答えが見つかるような気がします。彼らの決めゼリフが「何のためにやるの？」。そう、目標がないのです。

目標は進路を指し示して、やるべきことを明確にし、なまけ心を吹き飛ばしてくれます。オリンピックをめざすアスリートが、日々、限界までハードなトレーニングに挑めるのは、目標がはっきり定まっているからです。

たとえば、起業することを目標に据える。すると、どんな情報が必要か、資金調達はどうするか、準備として何から始めればいいか、といったことが見えてきます。いまやることが明らかになるといってもいいでしょう。〝何のために〟〝いま何をやるか〟がわかったら、行動せずにはいられなくなりませんか？

ただし、歩は一歩ずつしか進められないということを忘れてはいけません。禅語の**「脚下照顧《きゃっかしょうこ》」**は「履き物をそろえよ」ということ。つまり、自分の足元を見つめ、そこをしっかり固めなさい、という教えです。

いまを疎かにして一足飛びに進もうとしても、つまずくだけ。確実なきょうの一歩の前にしか、明日を踏みしめる地はないのです。

4章

「大事なこと」に気づく20の言葉

仕事の〝迷い〟がスーッと晴れるヒント

51

背伸びをしない

――能力を出しきる人、出し惜しむ人

身の丈で生きる。いまは等身大で生きる、といった方がしっくりくるかもしれませんが、これは生き方の基本でしょう。

どんな人も自分の等身大以上の、つまり、持っている能力を超える生き方はできません。だから、高望みをしないで地道で慎ましやかな生き方をする、というのはいいのですが、それは等身大で生きるひとつの側面でしかないことに、ぜひ気づいてください。

人は能力を超える生き方はできませんが、能力を惜しんで生きていることはある。これでは等身大で生きることにはなりません。能力を十分に出しきって生きて、はじめて等身大で生きることになるのです。能力を出し惜しむか、出しきるかは、それぞれの人に委ねられています。

禅語**「源《みなもと》清《きよ》ければ即《すなわ》ち流《なが》れ清《きよ》し」**は、水源の水が澄んでいれば川も清流となり、濁っていれば川の流れも濁ったものになる、ということをいっています。

出し惜しめば能力にも澱《よど》みが生じ、生き方も澱んだものになります。惜しまず出しきって清々しく生きる。それも等身大で生きることです。

52

「ありのままの自分」を受け入れる

——見栄やプライドがスーッと消える言葉

見栄やプライドに一度もこだわったことがない、という人はいないでしょう。多少なりとも自分をよく見せたいと思う見栄も、低く見られたくないというプライドも、関係性のなかで生まれます。

どちらも、周囲と一切かかわりを持たず、たったひとりだったら、生まれない心の在り様。仏教では、あらゆるものは関係性のなかから生じていると考えますから、見栄っ張りにも、プライド誇示派にも、同情の余地はあるかもしれません。

私たちは、おたがいにかかわり合いながら生きています。しかし、一人ひとりに焦点を当てたら、それぞれが独立した存在です。

それを示す禅語が**「しからざれば位《くらい》に依《よ》りて住《じゅう》す」**。この世のものはすべてかかわり合って成り立っている、とするのが仏教の根本ですが、その一つひとつは独自の在り方で存在しているのだ、というのがその意味。

独自の在り方とは、そのもののあるがままの姿、本質といっていいでしょう。かかわりが生じるときには、どんなに見栄を張ろうと、プライドを誇ろうと、そんなものは削《そ》ぎ落とされ、本質が露《あら》わになります。

こだわるべきは、あるがままの姿のほうではありませんか？

53

「すごいな」と思う人の真似をする

――これが、自分を磨くいちばんの近道

自分の色を出したい——個性と言い換えてもいいのですが、誰でも生き方や仕事に自分ならではの独自性を持ちたいと思っています。「他人の真似なんかしたくない」「しょせん、物真似じゃないか」といった言い方で真似ることをことさら蔑《さげす》むのは、そうした思いの反動といっていいかもしれません。

しかし、本当にそうでしょうか。仕事の手法でも、立ち居ふるまいでも、ものの言い方でも、あるいは、おしゃれでも、「すごいな」と感じる人のそれを真似ることとは、自分の色を出すことと真っ向から対立するのでしょうか。

たしかに、都合がいいときにちょっと真似てみる、というのは付け焼き刃でしかありませんから、すぐに、〝貸衣装〟の悲哀を味わうことになります。しかし、ずっと真似し続けたら、それは独自性を持った自分のものになると思うのです。

たとえば、赤色を真似ることから始めても、続けているうちに色は変化してきます。青みがかった赤になったり、黄色を溶かしたような赤になったり、深い赤になったり……。それはもはや、当初、真似をした色ではありません。その人にしか出せない色です。

「学ぶ」は「真似ぶ」です。堂々と胸を張って真似たらいいのです。

54

心を空っぽにする

——どんな結果も「事実」として受け入れる

何かミスを犯した、失敗してしまったというとき、あなたはそれをどう受けとめているでしょうか。「とにかく時間がなさすぎた。もう少し時間に余裕さえあれば……」「頼んだ資料が杜撰《ずさん》すぎたよ。彼女、なぜもっとちゃんとした資料をつくってくれなかったんだ」。

失敗を分析しているように見えますが、これでは責任を外に転嫁しているだけ。失敗を〝無駄〟にする典型的なケースです。おそらく、また同じような失敗を繰り返し、そのときも外に責任を押しつけることになるでしょう。自分を守りたいという思いがあって、そのことに心が占領されてしまっているのです。

「虚心《こしん》」という禅語があります。心が空っぽということですが、空っぽだから「成功はよくて、失敗は悪い」という分別などなくなり、心が何でも素直に受け入れられるのです。ここが大事なところ。失敗を自分のなかに受け入れたら、そのときの気持ちを忘れることはありませんし、二度と同じことを繰り返さないための貴重な気づきもあります。

じつは、成功体験よりはるかにたくさんの教訓や知恵を汲み取ることができるのが、失敗体験なのです。それでもまだ、失敗を無駄にし続けますか？

55

自分のペースで歩く

――自分を信じて歩く先に、成功がある

囲碁でよく使われる言葉に「着眼大局《ちゃくがんたいきょく》、着手小局《ちゃくしゅしょうきょく》」というものがあります。人所高所から広く盤面全体を見渡し、先を見通したうえで確実な一手を打つ、という意味です。

仕事でも、グランドデザインを描くことが必要。人生でも、将来のビジョンや目標、夢を持つことが大切です。

しかし、それを完成させるには着実に一歩ずつを進める。それも身の丈に合った一歩ずつを進めていくしかありません。一気に局面を有利に運ぶ〝妙手〟、いち早く完成に至る近道などないのです。自分の歩幅で進むから、足取りに迷いがないし、足跡に乱れもないのです。

「脚跟下《きゃくこんか》に大光明《だいこうみょう》を放《はな》つ」という禅語があります。「脚跟」はかかとのこと。つまり、地にしっかりかかとをつけているからこそ、どんな一歩も疎かにしないからこそ、大いなる光明が放たれるのです。

かかとで地を踏みしめるには、自分の歩幅を保つことです。それが長かろうと短かろうと、関係ない。自分にしか標《しる》せない一歩を信じきって、歩いていく道には、必ず光が当たり、成功があるのです。

56

ライバルをひとりつくってみる

――相手への敬意と感謝を忘れない

ライバルといわれる関係があります。いわゆる競い合う関係ですが、「優劣」をはかろうとするものではありませんし、もちろん、相手を貶《おとし》めたり、蹴《け》落としたり、おたがいが足を引っ張り合ったりするものでもありません。

「切磋《せっさ》琢磨《たくま》」という言葉があります。おたがいがぶつかり合って、磨き合うということですが、「競う」ということの本当の意味はそういうことだろうと思います。

「浄《きよ》（い）」という字は「水」が「争《あらそ》（う）」と書きます。じっとたまったまま動かない水は、やがて濁り、腐ってしまいます。ところが、流れのなかの水は動きながらぶつかり合う（争う）ことによって、浄く、きれいになっていくのです。しかも、一筋の流れとしておたがいが調和を保っています。この「争う」も「競う」と同じことだと思います。

刺激を受け合う相手がいることは、自分を高める糧にもなります。競うのも争うのもいい。ただし、その本分はいつも心にとめておくことです。「あいつ頑張っているな。すばらしい。よし、俺も頑張ろう」と相手に敬意を払い、また、感謝もできるというのが本分。

それでこそ、磨き合い、輝き合う関係といえるのです。

57

「等身大の自分」でぶつかる

――「下心」が人間関係で疲れるもと

「あなたをいちばん疲れさせるものは何ですか？」。こう聞かれて「そりゃあ、人間関係に決まっている」と答える人は多いはずです。生まれも、育ち方も、生活環境も、まったく違う人同士がかかわりを持つわけですから、摩擦が起きたり、ギクシャクしたり、神経がすり減ったりして当然です。〝心がグッタリ〟の毎日を送っている人もいるでしょう。

疲れる原因は、案外簡単に見つかりそうです。「嫌われたらいやだな」「仕事ができない人間だなんて思われたくない」「かっこいいという印象を持たれたい」……。そんな気持ちが原因になっている。

いわゆる「下心」ですが、それがあると「素」とは違った自分を演じなければならなくなります。しかも、一度でも下心が相手に見透かされずに通用してしまうと、ますます、〝自分らしさ〟を押し隠さざるを得なくなる。

禅は**「随処快活《ずいしょかいかつ》」**、どこにおいても、取りつくろったり、こだわったりすることなく、自然な自分で、素直な心でいるのがいい、と説いています。

「嫌われるかも」「見下されるかも」という思い込みは、たいがい取り越し苦労だったということになるもの。ありのままのあなたで、のびのびつきあったらいいのです。

58

深呼吸してから意見をいう

――「自分さえ我慢すれば」と考えるのをやめる

他人とかかわるとき、気を使いすぎたり萎縮《いしゅく》してしまったりして自分を出せない、いいたいことがいえない。そんな人は少なくないのではないでしょうか。

社会的に生きるうえで基盤になるのは人間関係。それを円滑にするためには、ある程度自分を抑えることも必要になってきます。

しかし、いつも自分を殺した接し方をしていると、どんどんストレスがたまっていきます。うつ症状は現代病ともいわれますが、そうしたストレスが原因のひとつになっているのは疑う余地がありません。抑える度合いと、素直な自分を出す度合い、そのさじ加減、塩梅が大切です。

仕事を頼まれて、「これを引き受けたら終電まで残業になってしまう。きょうは自宅に戻ってからやることがあるのに……」と思いながらも、断れずについ「わかりました」といってしまう。そんなことが続けば、ますますどんな無理でもきくように、自分を押し殺すしかなくなります。ここは踏ん張りどころです。

「八時までなら残業できますが、それでよろしければ」などと、自分の意志も保ちながら、譲りどころを提案しましょう。大丈夫、深呼吸をして気持ちを整えたら、気力が湧き、言葉も力を持つものです。

59

はっきりとものをいう

――「自分らしさ」をないがしろにするのも煩悩

「智に働けば角が立つ。情に棹《さお》させば流される」。夏目漱石《そうせき》の小説『草枕』の書き出し部分ですが、理性も感情も強く表に出せば世間というものは生きにくくなる、ということでしょう。

だからか、すべてに受け身、万事控えめに生きようと考えている人がいる。一見、無難な生き方にも見えますが、私にはどこか〝物足りなさ〟が残るようにも思えます。はっきりものをいうとか、自分らしい行動を取るとか、そういうことがあってはじめて充実感が味わえるのです。「失敗したけど思いきりやった。人生、なかなか捨てたもんじゃないな！」。受け身一辺倒の人にはこれがない。

出る杭《くい》は打たれる、といいますが、その痛みも自分を表現したからこその実感、生身の心で受けとめる充実感です。

禅語の**「雲《くも》去《さ》りて青山《せいざん》露《あらわ》る」**は、煩悩（雲）を風が吹き飛ばしてしまうと、本当の自分が明らかになってくる、ということをいっています。受け身の姿勢でばかりいて、自分らしさをくらましているのも煩悩。

それを吹き払う風はあなたのなかにしかありません。人生まぁまぁ無難に生きるか、捨てたものじゃないことに目覚めるか、さぁ、考えどころです。

60

他人の「いいところ」を探す

——どんな相手ともスムーズにつきあえる〝極意〟

「何て身勝手なんだ！」「あの傲慢さはがまんできない！」

人間関係は多岐にわたりますから、なかにはそんな相手がいるかもしれません。それほど顔を合わせる機会がない相手なら、堪忍袋の緒も切らずに保てますが、たとえば、上司など頻繁に接触する相手がそんなタイプだったら、気が重い毎日が続くことにもなるでしょう。

私がこんな例を引くのもおかしなものですが、「坊主憎けりゃ袈裟《けさ》まで憎い」という諺《ことわざ》があります。事実、身勝手さや傲岸《ごうがん》なところがあるにしても、それが相手の全人格ではないことに気づいてください。そのうえで、違ったいいところがあるかもしれない、そこを見つけてみよう、という心で相手を見直してみる。

さまざまな面を持っているのが人間です。身勝手な人情家もいるものですし、傲岸不遜《ふそん》な正直者がいたって、何の不思議もありません。くだんの相手に愛すべき一面が見つかる可能性は、必ずあると思うのです。

「おっ、ここはけっこうイケてる！」というところが見つかったら、相手に対する見方は変わっていくと思いませんか？

坊主憎んで、袈裟は憎まず。これが、複雑な人間関係の〝極意〟かもしれません。

61

嫉妬しない

——さわやかな生き方とは、こういうことをいう

人間が抱く感情のなかで、もっとも面倒で御しがたいのが嫉妬ではないでしょうか。いったん嫉妬に身をまかせてしまうと、自分より仕事ができるあいつも、出世が早いこいつも、なぜかモテる彼女も、おしゃれ上手といわれる友人も、うちよりいい家に住んでいるお隣も、高級車に乗っているお向かいさんも……。何でもかんでも嫉妬の対象になっていきます。

その結果、自分を見失うことになる。いまここに生きているのは〝あいつより仕事ができない自分〟ですか？　〝彼女よりモテない自分〟なのでしょうか？　そうではないはずです。

禅語**「莫妄想《まくもうぞう》」**は、できるとかできないとか、モテるとかモテないとか、というふうに対立的にとらえることから抜け出しなさい、と教えています。

私たちはみんな、あいつや彼女と引き比べて存在しているのではなく、誰とも違う（ほかの誰でもない）絶対的な自分として存在しているのです。

そのことがわかると、嫉妬の芽は自然にしぼんでいきます。自分らしく生きることに迷いがなくなるのです。

さわやかな生き方って、そういうものではありませんか？

62

〝評価〟を目的にしない

――禅が教えてくれる「本当に大切な働き方」

仕事をするうえで無視できないのが〝評価〟です。一般的な仕事には常に評価がついてまわりますし、自分の世界をつくりあげ、展開していく芸術家でも、それこそ深山幽谷《しんざんゆうこく》に暮らし、世間と隔絶して完全な孤高を保つ、といった生き方をしない限り、評価と無縁でいることはできないでしょう。

高い評価を得ることは悪いことではありません。ただし、それが目的になってしまってはまずいのです。販売成績ナンバーワンになるためなら何でもする。たとえ、顧客をだましたって一台でも多く売ってやる。こんな手段を選ばないやり方は、禅的発想とまったく反するものです。

顧客一人ひとりに丁寧に対応する。たとえば、家族構成や暮らしぶり、商品の使用目的や使用頻度など、その顧客固有の条件を考えながら、その人にふさわしい商品を提案する、といった販売手法がそれです。

その背景にあるのは、顧客の一人ひとりが自分が真摯に向き合うべき、絶対的な存在なのだ、という禅の考え方。

評価など放っておけばいい。ついてくればいいいし、ついてこなくてもまたよし。評価なんてその程度のものです。

63

毎日を「修行」だと考える

――毎日がいいことずくめの人生なんてない

何かいやなことがあると気持ちがくじけ、そのことを回避してしまう。これがいいや、サボってしまえ」の図式です。しかし、毎日がいいことずくめなんてことがありますか。常に順風満帆で一度として波風にさらされたことのない人生を送る人がいるでしょうか。

かりにそんなことがあったとしたら、日々によろこびを感じたり、人生で幸福感を味わうことができると思いますか。〝いいこと〟はごく日常的なものになり、無味乾燥で味気ない、平々凡々たる日々が続くだけです。

いやなこと、つらいこと、苦しいことがあるから、いいこと、うれしいこと、幸福なことが、すばらしいと感じられる。そのすばらしさをより深いものにする貴重な経験を積んでいるのが、いやな、つらい、苦しい、そのときなのです。

「一日《いちじつ》作《な》さざれば一日《いちじつ》食《く》らわず」は百丈禅師の言葉ですが、作業をすることも食事をすることも、等しく禅の修行なのですから、どちらか一方だけ行なうということはあり得ない、という意味でしょう。

いやなことも、いいことも、自分の人生にあざやかな彩りを添える経験です。どちらから逃げても、人生がぼやけてしまうのです。

64

どんな仕事も〝正念場〟と心得る

――「一匹狼」の魂を持つ

独立して仕事をしている人、一匹狼として社会と向き合っている人は、たくましさを感じさせます。その理由は「行動」と「責任」が一体化していることにあると思います。自分が取った行動の責任は、否が応でも自分で引き受けなければならない。これが一匹狼の原則ですし、組織の看板を背負って仕事をしている人とは決定的に違う点です。

責任を取るためには自分の力量を知る必要があります。力量を超える仕事を安易に引き受けてしくじったら、その責めはすべて自分が負わなければならないからです。どんな仕事も〝正念場〟に臨む気がまえを持ってあたらなければならない、というのが一匹狼の宿命です。

一方、組織の一員なら、自分の力量を見誤り、力不足から結果的に失敗を招いたとしても、全責任を負わされるということはありません。組織ぐるみで尻拭いもしてくれるわけです。

ただし、組織にいても、あらゆる場面が正念場だという意識で仕事に向き合うことができないわけではないでしょう。そうすると、常に責任ということを念頭に置いた行動が取れるようになる。一匹狼の魂を持った組織人、魅力的じゃないですか。

65

〝不たしかなこと〟で悩まない

――それは心が勝手につくり出すもの

誰にでも心配のタネや不安があるものです。しかも、いったんそのことを考え始めると、不安が不安を呼ぶことになる。私はさまざまなところで不安について、禅宗の始祖・達磨《だるま》大師の逸話を引いてお話ししています。

じつは、不安の「正体」ははっきりしているのです。のちに達磨大師の後継者となる二祖・慧可《えか》大師は修行に打ち込みながらも、襲ってくる不安を拭いきれないでいました。そこで、師匠に「不安を取り除いて欲しい」と訴えます。

達磨大師はこう答えます。「わかった。では、おまえの不安とやらをここに持っておいで。そうしたらすぐにでも取り除いてやる」。

慧可大師はいわれた通り不安を探そうとしますが、見つかりません。そうしているうちに、ハタと得心するのです。「そうか、不安に実体などないのだ！」。

何も実体がないのに心が勝手につくり出すもの。それが不安の正体なのです。

恋人の気持ちが信じられなくなって夜も眠れなかったのに、翌日、顔を合わせただけで、「あれっ、なぜ信じられないなんて思ったのかな」と不安が一掃されたなんて経験はけっこうあるのではないでしょうか。

不安に実体なんか、ありますか？

66

将来を妄想しない

――たとえ丸裸になっても、原点に戻っただけ

かつて経済大国の名を欲しいままにした日本も、現在は低く垂れ込めた長い陰のなかにあるというのが実情。リストラの足音が高まるのを感じている人は少なくないはずです。「リストラされたらどうしよう?」。そんな考えにとらわれるのは、決まって夜。私は、これは夜がもたらす闇《やみ》と関係があると思っているのですが、周囲の暗さが心をその一点に集中させ、思いはどんどん〝負〟の方向に巡っていきます。「この先、仕事が見つかるだろうか?」「いつまでこの生活を維持できるか?」「子どもの学校はどうなる?」……。まさしく、負のスパイラルです。

しかし、考えているということは現実にはまだリストラになっていないわけです。リストラに対する恐れも、不安も、葛藤《かっとう》も、みんな頭のなかの想像。仏教的にいえば「妄想」に過ぎません。実際にリストラになったときに、仕事を探すために動き出せばいいのですし、必死になって収入を得る方策を考え始めればいいのです。妄想など、放っておくに限ります。

「本来無一物《ほんらいむいちもつ》」は、生まれながらに持っているものなど何ひとつない、という禅語です。たとえ丸裸になったって、人間の原点に戻っただけ。そのことを腹にしっかり据えておけば、どこからだって前に向かって歩き出せます。

67

置かれた状況に感謝する

——たとえば、リストラは「リスタートのチャンス」

ものごとをどう受けとめるか、その受けとめ方は、心の在り様によって決まります。リストラや派遣切りなど、社会の環境が厳しさを増しているこの時代は、なおさら、心をどう整えていくかが重要になってきているといえるでしょう。

突然、仕事を失ったら、誰でも心が乱れます。絶望感が心を支配してしまって、途方に暮れる人がいても不思議はありません。「もう、仕事も希望も将来も、何もかもなくなってしまった」。

しかし、禅語**「無《む》一物《いちもつ》中《ちゅう》無尽蔵《むじんぞう》」**はこう教えています。

何もなくなったということは、縛られるものが何もないということじゃないか。

そう、そこにはあらゆる可能性が開かれているのです。

仕事を失ったという状況は同じでも、心をどんどん縮ませてへたりこんでしまうのと、「どうせゼロからの出発なんだから、ここは昔からやりたかった旅行関係の仕事に一から取り組んでみるか」などと心を整え直して可能性を求めていくのとでは、天と地ほどの違いがあると思いませんか？

リストラはリスタートのチャンスでもあるのです。ゼロからの一歩はたしかに厳しい。しかし、〝無尽蔵〟を信じたら、その一歩は力と勢いを増すのです。

68

月明かりを見上げる

——どんなマイナスもプラスに変える「禅的発想」

「何もかもうまくいかないし、つらいことばっかりだ」。マイナス思考にがんじがらめになっている心境です。しかし、マイナスは必ずプラスに転じる、とするのが禅的発想です。東日本大震災で家を流され、家族を失った方々の失意と悲しみは想像を絶するものでしょう。そのなかで、生きていることに感謝し、命の大切さを胸に刻み、慈《いつく》しんで、亡くなった人の分までしっかり生きようとしている大勢の人がいます。マイナスをプラスに転じている姿です。

「自由無碍《じゆうむげ》」は、どこにもとどまっていない、何ものにもとらわれない、という意味の禅語ですが、心を転じていくための〝極意〟がまさにこれ。

こんな逸話が伝わっています。ある禅僧が旅の途中、あばら屋で一夜の宿を借りる。はがした床板を燃やしてかすかな暖を取っていると、穴の開いた屋根から落ち葉が降り込んでくる、という塩梅ですから、寂しく、みじめな状況です。ところが、ふと見上げた屋根の隙間から月明かりが差し込んで、自分を照らしていてくれることに気づき「あぁ、すばらしい時間じゃないか」と、そこはかとない幸福を感じた。

寂しさ、みじめさに心をとどめなければ、やすやすと転じることができるのです。心とはそういうものです。

69

自分の仕事をひたすらこなす

――「愚直」が、より真理に迫ることもある達磨大師から始まった禅は、何人もの傑出した人材を輩出しています。

五祖・弘忍《こうにん》禅師が後継者を決めた際のこんなエピソードが残っています。六祖を選ぶにあたり、弘忍禅師は弟子たちに偈《げ》（漢詩）を書かせます。それによってどの境地に到達しているか、後継者としてふさわしいのは誰かを見きわめようとしたのです。

誰からも六祖を継ぐと目されていた神秀《じんしゅう》は「時時《じじ》に勤《つと》めて払拭《ふっしょく》し、塵埃《じんあい》を惹《ひ》かしむることなかれ」と書きます。心に塵や埃《ほこり》が積もらないように、日々、拭いてきれいにすることに努めなさい、という意味。学識の深さをうかがわせるすばらしい言葉です。

一方、慧能《えのう》という弟子は無学で、修行僧にもなれず、自分に与えられた米を挽く役目を、毎日ひたすら続けているような人でした。字が書けなかった慧能は先輩に頼んで、こう記してもらいます。**「本来無一物《ほんらいむいちもつ》」**。何ひとつ持たないで生まれてくるのが正味の人間というものだ、ということです。

弘忍は六祖に〝才の人〟神秀ではなく、〝愚の人〟慧能を選びました。いずれも優れた禅僧ですが、ときに才よりひたすらの愚が、より真理に迫ることはある、ということでしょうか。

70

自然の小さな営みに感動する

――心が幸せでいっぱいになる「視点の持ち方」

豊かであることはよいことです。「だから、自分は金銭的に豊かになる。金持ちをめざす」という人もいていいと思うのですが、そこだけに執着すると困ったことになる。お釈迦様が残されたこんな言葉があります。「人間の欲望というものは、たとえヒマラヤの山を黄金に変えたところで満たされることはない」。お金が欲しいという心には際限がないのです。

その際限ない心に生き方が引きずられてしまう。預貯金額の数字が増えれば増えるほど、「まだまだ、こんなものでは……」となって、さらに大きな欲望に絡め取られていくのです。これでは穏やかに過ごせるはずもありません。その挙げ句、莫大な財産を築いてもなお、「もっと欲しい」と思いを残して人生の幕を下ろすことになる。

やはり、心持ちが豊かな方がずっといいと思いませんか？

春はふくらんだ桜の蕾がはじけて花びらに変わる一瞬に、「おっ、咲いた！　生きている。生きているってありがたいことなんだなぁ」と思える。秋には色づいた紅葉に、「こんな色が出せるなんて、自然ってすばらしい！」と感動できる。

小さな自然の営みも、心をいっぱいの幸せで満たしてくれます。人生の一片、一片が豊かな瞬間なのです。

5章

禅が教えてくれる、「自分らしく生きるコツ」

「毎日を充実させる」20の言葉

暁天坐禅

日日是好日

水至渠成

把手共行

莫妄想

71

少しぜいたくなお茶を入れる

——何かにひたりきって、ほかの一切を〝なまける〟

スローライフが叫ばれるようになってから、田舎暮らしに憧れる人が増えています。すでに週末だけ田舎で暮らすという生活に入っている、という人もいるかもしれません。しかし、澄んだ空気と豊かな自然のなかにいても、「月曜日の会議、心配だな。うまく結論が出るかな」といった思いが頭をかすめたら、それは仕事にとらわれている時間。スローライフとはいえません。

一方、仕事に忙殺された一日が終わった後、自宅に戻って少し高級なお茶を入れ、ゆっくりと飲む。「あぁ、うまい！」。芳香と深い渋みが全身にしみわたって、心の芯からほぐされる気がする、そんなくつろぎのひとときは、お茶とひとつになって、ゆったりとした時間が流れます。

「悠然《ゆうぜん》として松風《しょうふう》を聴《き》く」という禅語があります。どこにもとらわれるものがない心には、風にそよぐかすかな松の葉音さえ聞こえてくるのです。風と松の葉の揺らぎ、そして、心がひとつになっている。スローライフとはそんな時間を持つことではないでしょうか。

何かにひたりきって、ほかの一切を〝なまける〟。これなら、あなたの日常にも見つかりそうな気がしませんか？

72

寝る前にアロマを焚いてみる

――気持ちをうまく切り替えるコツ

高度情報化社会が加速し、文化や流行がすごいスピードで変わっていくこの時代は、誰もがストレスを生む要因をズシリと背負いながら生きています。

そこで大事になってくるのが〝切り替え〟です。頭も体も心もうまく切り替えることができるかどうか。ストレスをためない秘訣はそこにあります。

自宅に一歩入ったら仕事のことは忘れることです。

日本人は世界でも屈指の勤勉な民族ですから、自宅に戻ってからも「明日の商談はどう臨もうか」「あのトラブルの解決策はないものか」などと、仕事に頭を占領されがち。切り替えが下手なのです。

まず、スウェットなどリラックスできる服に着替えて体の切り替えをはかりましょう。さらに、好きな音楽を流したり、お気に入りのアロマを焚いたりして、頭と心を切り替えるのです。そんな習慣を身につけませんか？

自宅は仕事をなまけていい、もっとも身近な空間なのです。ここでは〝なまける〟ことに徹してください。そして、寝る前には気持ちのいいこと、楽しいことをやるのです。軽いストレッチでも、読書でも、ＤＶＤ鑑賞でも……。すると、いつも新鮮で清々しい朝が迎えられます。

73

グズが許される場所を大事にする

――メリハリをつけるから「頑張れる」

社会のなかでは誰でも、少なからず、肩肘張って生きています。いくら俺流、マイペースといわれる人でも、まったく野放図《のほうず》ということはありえません。周囲から折り目正しいと見られている人なら、なおさらでしょう。

これはけっこう疲れます。思う存分グズになりきる場面も必要かもしれません。

「露《ろ》」という禅語は、何もかも丸出しで、隠すところがないことをいったものですが、そんな場所が思い浮かびませんか？　そう、家族といる場所、家庭です。

世界を舞台に活躍している、日本を代表する指揮者の小澤征爾《せいじ》さんは、自宅ではパンツ一丁で過ごしているそうです。その理由を尋ねられた小澤さんは、こともなげに、「だって、家族だから……」と答えたとか。

家族のあいだでは、本来、着飾ることもないし、張り詰めた気持ちでいる必要もないのです。グズグズしていたって、おたがいの関係に摩擦が起きることもないし、咎《とが》め立てされるものでもない。

そこでグズになりきってしまうのが、格好のメリハリになって、社会ではシャキッとした姿勢で生きられることにもなります。

グズが許される場所、大事にしていますか？

74

流行に振りまわされない

――〝ゆったり観〟こそ、周囲に翻弄されないコツいまほど誰もが時の流れの速さを実感している時代はかつてなかったでしょう。ファッションひとつを取っても、流行は次から次に移り変わっていきます。「遅れまい」として追いかけ始めたら、どこまでも引きずられることになる。時代に巻き込まれ、翻弄《ほんろう》されている姿です。

そんな時代に泰然《たいぜん》としている方法があります。それは〝なまける〟ことです。「流行がどうしたって？　そんなもの関係ない。追いかけるなんて億劫。やなこった」。時代の流れがいかに速かろうと、時節がどう変わろうと、距離を置いて自分流であり続ける。流されるなんて、そんな忙しいことはまっぴらだという姿勢は、なまけ者の真骨頂です。

「月《つき》に臥《ふ》し雲《くも》に眠《ねむ》る」という禅語があります。月の光を浴びながら臥し、雲を布団にして眠るというのですから、悠々自適、泰然の極致です。

このゆったり感は、流行に振りまわされる生き方とは対極にあるものでしょう。流行などトンと与《あずか》り知らぬ、というなまけ者にも相通じる。なまけ者を自負する人こそその「強み」、活かしてください。

75

相手の話を丁寧に聞く

――どこにでも得意を活かす道はある

十人十色という言葉は誰でも知っています。十人いれば、一人ひとり個性があり、得意なもの、不得意なものも、それぞれに違う。わかりきった話なのですが、現実の場面ではその自然の道理を脇に置いて、人々を一色の枠に押し込もうとしているように私には見えるのです。

学生時代は偏差値という数値がその枠になるし、仕事に就いてからは売上やら、収益やらといった数値が、やはり枠になっています。それが、本来自分が得意なことに自信が持てない、得意を活かせない一因になっているのではないでしょうか。

たとえば、営業の仕事が〝できる〟というと、話の運び方がうまく、顧客のあしらいにそつがない、といった能力を誰もが思い浮かべます。実際、そうした能力に長《た》けた人、それらが得意な人が数値をあげるのかもしれません。

しかし、話し方は朴訥《ぼくとつ》で、顧客に対する接し方も不器用としかいえない人が、相手の話を丁寧に聞くことで、相手が心から望んでいること、本当に求めているものを、正しく感じ取り、顧客の信頼を得たりする。

これは〝聞く力〟、すなわち自分の得意を、営業に活かしていることにならないでしょうか。どこにでも得意を活かす道はあるのです。

76

不器用でもコツコツ続ける

――才気が先走りすぎても足元をすくわれる

かしこい、手際がいい、すばしっこい……。そんな言葉から連想するのは、頭の回転が速く、体の動きも俊敏な人だと思います。このスピード化の時代には申し分のない人材です。

ただし、「先へ先へ」という思いが強く、才気が先走るあまり、足元をすくわれることがないともいえない。上手の手から水が漏れる、というやつです。

中国唐代に生きた香厳《きょうげん》和尚に、こんな逸話があります。師から与えられた課題の答えが見つからず悩んだ和尚は、文字や知識に頼ってはいけないと考え、書物をすべて焼き捨ててしまいます。そして、南陽慧忠《なんようえちゅう》禅師の墓のそうじをくる日もくる日も続けるのです。

そんなある日、いつものように掃きそうじをしていると、箒《ほうき》が掃き飛ばした瓦の欠片《かけら》が青竹に当たって、音を立てます。その音を聞いて禅師は悟りを開いたといわれます。**「香厳撃竹《きょうげんげきちく》」**という禅語のもとになっている話ですが、何かをコツコツ続けることの大切さを教えるものでしょう。スピード感をもって次々と仕事をこなすのも能力なら、あれこれと目を転じることなく、愚直にひとつのことを続けるのも能力なのです。大事なことに気づくのは、むしろ後者の生き方かもしれません。

77

「好きなもの」を見つける

――効率や効果だけでものごとを見ない

私たちがもっとも「いきいき」としているのは、どんなときでしょうか。自分が好きなもの、得意なことに取り組んでいるときです。陶芸をこよなく愛するという人なら、ろくろを回しながら余計なことは考えません。まさしく、〝没頭〟という言葉にふさわしく、そのことだけに集中している。庭いじりを趣味にしている人なら、草をむしり、水をやることに一心になっている。行為と一体となった、いきいきした姿がそこにあります。

趣味の世界でも、仕事の世界でも、好きなものを見つけるのは大切。「好きこそものの上手なれ」という言葉の通り、自分の得意にする前提が「好き」ということだからです。ところが、優等生といわれる人は、概して好きなものを見つけるのが苦手です。「これをやることが成績向上につながるか」「あれをやるとレベルアップできるか」という〝効率〟〝効果〟だけでものごとを見てしまう。

そんな価値判断からいちばん遠いところにいるのが、なまけ者かもしれません。だから、自由な心で純粋に〝好き〟なものを感じることができるし、それに没頭することもできます。禅語の**「遊戯三昧《ゆげざんまい》」**は、することを楽しむという意味。さぁ、その境地に近づけるでしょうか？

78

自分のなかの「情熱」に気づく

――どんな資格も「好き」にはかなわない

資格コレクターと呼ばれる人がいます。いくつもの資格を取得することで自分をブラッシュアップするというわけでしょう。その意図はわかりますが、じつはどんな資格も及ばないものがある。何だと思いますか？　それは、そのことが「好き」という、熱い思いです。

世界的に知られる建築家の安藤忠雄《ただお》さんは、建築の専門教育を受けていません。独学で建築士の資格は取っていますが、先にあったのはまず、ものづくりへの情熱。資格は後からついてきた、ということなのではないかと思います。

「頭上漫漫《ずじょうまんまん》、脚下漫漫《きゃっかまんまん》」という禅語は、真理は頭の上にも足元にも満ちあふれている、という意味。まず、それに気づくことが大切だと教えています。

「真理」を「好きなこと」に置き換えてみてください。自分が本当に好きなことが、いまはまだ見つからなくても、必ず、手の届くところにあるのです。要は、気づきさえすればいい。気づかせてくれるのは、どこにあっても持ち続ける、真剣で曇りのないまなざしです。ものごとを斜めから見たり、色眼鏡で見たりしていたのでは、いくら機が熟していても気づけません。「好きなこと」も素知らぬ顔で通り過ぎていってしまいます。

79

ひたすら一心に「打ち込む」

――持って生まれた才能だけに頼らない

「策士策に溺れる」という言葉がありますが、能力がある人でも、その才能が自分を迷わせるということがあるのではないでしょうか。

お釈迦様の弟子に周梨槃特《しゅりはんとく》という人がいました。兄の摩訶《まか》槃特が聡明な弟子であったのに対し、弟はもの覚えが悪く、朝聞いたことを夕方には忘れる。弟子のなかでもっとも愚かとみなされていたのです。

ついに、周梨槃特は精舎《しょうじゃ》（修行場）を追い出されそうになります。そのとき、お釈迦様が彼に一枚の布を渡し、「塵を払い垢《あか》を除かん」といって修行僧たちの履き物を磨くように命じたのです。周梨槃特はそのことだけに心を集中し、ひたすら履き物磨きを続けました。どこかに賢《さか》しらなところがあれば、「こんなことが修行なのだろうか？」と迷ったかもしれませんが、愚か者ですから、あくまで律儀に命令を守り続けます。そして、ふと気づくのです。「磨いているのはおのれの心なのだ」……と。

悟りを開いた周梨槃特は一六羅漢《らかん》（お釈迦様の弟子のなかでもとくに優れた一六人の弟子のこと）のひとりとなったというのが、この逸話の大団円。禅語は**「少水常《しょうすいつね》に流《なが》れて石《いし》を穿《うが》つが如《ごと》し」**、かすかな水も流れ続けていると石に穴を開ける、と教えます。ひたすら一心を注ぐことの強さ、たしかさです。

80

本やネットの情報で満足しない

――実際に体験する、それが「禅的生活」の入り口どんな情報も簡単に手に入るというのが情報化時代の最大のメリットといっていいでしょう。かつては何か調べたいことがあれば、現地まで足を運ばなければなりませんでしたが、いまは自室にいながらにして、ウェブサイトから瞬時に必要な情報を取り出すことができます。ただし、そうして得られる情報には限界があるのではないか、と私は思っています。

文書化された情報、読む情報は、頭で〝理解〟することしかできません。たとえば、日本の伝統行事について知りたいというとき、ウェブサイトをいくつか当たれば、起源や歴史はもちろん、受け継がれてきたことの社会的な背景やその地域の人たちにとっての意味など、こまかなところまで理解することはできます。

しかし、それでその行事がわかったことになるでしょうか。行事にかかわる人々の生の思い、行事から放たれる熱気、営々と続いてきた伝統の重み……といったことを感じることができると思いますか？　その場に実際に身を置いてみないと、それらは伝わってきません。

頭で理解するか、体でわかるか。その決定的な違いに気づくことが禅的生活への入り口かもしれません。

81

「トコトンやる」姿勢を持つ

――聞きかじりでは、何の役にも立たない

ものごとを覚えるということについてこんな言い方があります。聞いて覚え、見て覚え、読んで覚え、書いて覚え、覚えて覚える。この順にしたがって認識が深まる、身についていく、というわけですが、「覚えて覚える」は禅問答のようで、よくわからないかもしれません。

職人さんの世界を想像してみてください。修練をトコトンまで積み重ねた職人さんは、仕事と向き合ったら「ここをこの技術を使って〇〇㎝削ろう」などと考えることもなく、自然に体が動いてしまう。技と体が一体なのです。

これが、〝覚えて覚える〟境地。そうなると、たとえ目が見えなくなっても、それまでと寸分違わない仕事ができます。

覚えるということの奥は深いのです。ところが、いまはちょっと聞きかじったり、目を通したりしただけで、覚えたような気になってしまっています。それが身についたと錯覚しているのです。

しかし、いざ使う段になったら、そんなものは何の役にも立ちません。これを覚えたい、何とか身につけたい、というものに出合ったら、「トコトンやる」姿勢を忘れないでください。

82

心を込めて丁寧にやる

――生きていることそのものが修業

禅では行住坐臥、日常の一切合切が修行と考えます。自分がいるあらゆるところが修行の場であり、生きていることそのものが修行です。

ここで、私の一日をご紹介しましょう。起きるのは四時半から五時。すぐに本堂、客殿の戸を開けながら、そこにいらっしゃる仏様をお参りします。その後、外に出て寺の門を開け、お地蔵さんやお墓に手を合わせます。朝一番の香り高いお茶を入れ、すべての仏様にあげ終わるのが、六時近く。

そこからは、やってきた和尚さんたちとお経をあげ、それが七時頃に終わります。ちなみに、朝あげるお経は、偶数日と奇数日とで違うところがあります。お茶を飲みながら簡単な打ち合わせをしてそれぞれが朝食をいただき、予定している仕事に就くのが七時半。その日の仕事を終え、住まいである庫裏《くり》に戻るのが午後の七時くらいでしょうか。家族と食事をとり、入浴をすませてから、デザイン関係などの仕事をした後、少しゆったりした時間を持って、床につくのが午後一〇時。仕事の中身は日々違いますが、時間の流れは同じように繰り返されます。

そのなかで決めていることはたったひとつ。どの場面でもやるべきことの一つひとつを心を込めて丁寧にやる。それ以上に大切なことはありません。

83

安易に〝群れない〟

——心の拠り所はどこにある?

現在の若い人たちの関係で特徴的なのが、「群れる」ということではないかと思います。もちろん、強い心の結束が中心基盤になっていて、それぞれが認め合っている集団なら、相乗効果が働いて、「一＋一」が三にも四にもなるのですが、どうもそうではないようです。

群れていないと、自分がはじき出されるようで怖い。仲間外れになるといじめられるかもしれない。とにかくどこかの集団に帰属していたい……。そんな意識だけで成り立っているのが、いまの「群れ」だという気がします。

なかにはメールのやり取りをするだけで、ほとんど顔を合わせることもない、摩訶《まか》不思議な群れもあるようですから、その結びつきは脆弱《ぜいじゃく》そのもの。何か自分に深刻な事態が起きたときの心の拠り所になんかなりっこありません。クモの子を散らすようにきれいにいなくなってしまうのがオチ。

群れなんて、その程度のものなのです。そこにい続けるために気を使ったり、神経をすり減らしたりするのは、心の浪費だと思うのですが、いかがですか？

いつだって、こちらから三行半《みくだりはん》を突きつけてやる。群れにはそれが相応の〝扱い〟です。

84

自分の考えに固執しない

――こだわりを捨てると、多くのことが見えてくる

胸にしみる名言が行くべき道を指し示してくれたり、目からウロコの情報が行動のエネルギーになったりすることがあります。そうしたものに触れることは重要ですが、一方で、そこに落とし穴があることも知っておかなければいけません。

「これこそ人生の指針！」「これが求めていた情報だ！」となると、それだけがフォーカスされて、視界が狭くなってしまいます。こだわりが生まれる、心が縛られる、といってもいいでしょう。

剣術家として有名な柳生宗矩《やぎゅうむねのり》が剣術の極意を会得したのは、沢庵《たくあん》禅師との出会いによってでした。「対峙《たいじ》した相手の小手を打とうとすると、小手ばかりに心がとらわれ、ほかに隙があっても、それが見えない。どこにも心を置かず、ゆったりと動くままにしておけば、心はどんなわずかな隙にも気づいてくれる」。禅師のそんな言葉で宗矩は開眼した、といわれています。

名言や情報に触発されるのも結構ですが、心をそこにとどめないことのほうがもっと大事。**「白雲自在《はくうんじざい》」**という禅語があります。雲はそのときどきの風にまかせて自由自在に流れていく。その姿にこだわりは微塵《みじん》もありません。こだわらない心でいたら、もっと多くのことが見え、たくさんの気づきがあります。

85

視点を定める

――キョロキョロするから「拠り所」が見つからない

いつも周囲が気になってしかたがないという人がいます。誰かが「新しいトレンドには敏感でいなくちゃ」といえば、「そうかぁ」と頷き、ほかから「古いものこそ大切にすべきだよ」という声があがれば、「そうだな」と納得してしまう。

価値観は人それぞれが持つべきものなのに、他人様の価値観に流されているというタイプです。（心の）視線が定まらず、常にキョロキョロしている。自分の拠り所というものが見つからないのです。

拠り所を見つけるには、まず、心を落ち着かせることが必要。

考えてみたら、周囲の人の言動をいちいち気にするのは、疲れるし、面倒ではありませんか。ここは思いっきり〝面倒くさがり屋〟になって、キョロキョロするのをやめてしまったらいいのです。

視線が定まると、心も安定してきます。その落ち着いた心で、自分は何がしたいのか、どんなことが好きなのか、どうなりたいのか……を考えてみる。

すると、拠り所がしだいにはっきりしてくるはず。禅語の**「安心立命《あんじんりつめい》」**は心を動かさず、自分に与えられた生き方をまっとうする、ということですが、そのスタートは拠り所の発見からです。

86

「あったらいいな」を大事にする

——理詰めで考えるのには限界がある

現代人の必携アイテムが携帯電話。その多機能ぶりは目を見張るほどです。進化を続けなければ消費者ニーズに応えられないのが、現代の商品の宿命かもしれません。

バイブレータ機能は基本ですが、じつはこんな開発秘話があります。

開発者に発想がひらめいたのは、さる酒場。隣の女性とお近づきになりたいと思ったものの、あからさまに声をかけたのでは周囲に気づかれて気恥ずかしい。そこで、さりげなく女性の肘をトントンと叩き、自分に注意を向けたのだそうです。その後の顛末《てんまつ》は知りませんが、そのとき彼にひらめくものがあった。

「あっ、そうだ。携帯電話にも音をたてずに着信を知らせるシステムがあったらいいな。うん、いい、いい！」

この〝あったらいいな〟の発想からバイブレータ機能は生まれたのです。当初はどこも関心を示さなかったようですが、米国のメーカーがこれを最初に採用し、いまはすべての携帯電話の必須機能となっています。

理詰めで発想すると、いまある機能の精度をより高めよう、ということにこだわりがちになる。こだわらない〝あったらいいな〟の発想だから、画期的なものを牛み出せるのです。前々項の**「白雲自在《はくうんじざい》」**の実践版の紹介です。

87

「布施」は「する」のではなく、させていただく

——煩悩から解き放たれる、とっておきの方法

お布施といえば、葬儀や法事などの際にお坊さんやお寺に包む金銭や品物のことだと思っている人が多いと思います。

しかし、じつはこれは誤り。仏教では「布施行」といいますが、あくまでお布施をする側の「行」なのです。

行は自分のために行なうものですから、布施行も相手に対して「する」のではなく、自分が「させていただく」と考えるのが正しい。お金を包んで布施行をさせていただくことは、金銭に対する執着や欲を断つことにつながっています。執着も欲も、煩悩。布施行はそうした煩悩から解き放たれて、心がひとつ軽くなる、清らかになる、ありがたい行為なのです。

布施行には「財施《ざいせ》」「法施《ほうせ》」「無畏施《むいせ》」の三つがあります。

財施は文字通り、財産や物品を施《ほどこ》すこと、法施は正しい教えを施す（真理を説く）ことですから、この二つは財がなければ、また真理を心得ていなければ、できないことになります。これに対して財がなくとも、悟りの境地にいなくてもできるのが無畏施です。誰でもこの無畏施によって、心に積もった塵（煩悩）を払える。必要なのは「させていただく」気持ちだけです。次項からくわしく紹介しましょう。

88

お金をかけずに「お布施」をしてみる

――「いいこと」が起きる七つの布施行

無畏施には七つの種類があって、それを**「無《む》財《ざい》の七施《しちせ》」**といっています。『雑宝蔵経《ぞうほうぞうきょう》』という教典には「仏説きたまふに、七種施あり、財物を損せずして大果報を得ん」とあります。七つの布施行を行なっていると、財産も物品も使うことなしに、たいへんにいいことがある、というわけ。なまけ者にはうってつけの「行」という気がしませんか?

「眼施《げんせ》」「和顔施《わげんせ》」「言辞施《ごんじせ》」「身施《しんせ》」「心施《しんせ》」「床座施《しょうざせ》」「房舎施《ぼうしゃせ》」がその七つ。まず、前の三つについて説明しましょう。

眼施は「慈眼施」ともいい、慈しみに満ちたやさしいまなざしですべてに接すること。あたたかい心、思いやりの心が目を通して相手に伝わっていきます。

和顔施はいつも穏やかな笑顔で接すること。笑顔を向けられて怒る人はいません。そこににじみ出るおおらかでやわらかい人間性が相手を包み込み、どんな人も心地よくさせます。

言辞施は言葉による布施行です。「愛語施《あいごせ》」ともいうように、いつでも愛にあふれた言葉、相手を心の底から思う言葉をかけること。言葉の持つ癒しや励まし、いたわりの「力」を存分に発揮させましょう。

89

一日ひとつ、親切をしてみる

――「見返りを求めない」から心が豊かになる

「無財の七施」の話を続けましょう。

四つめは身施、「捨身施《しゃしんせ》」ともいわれます。自分の体を使って人のため、社会のためになることを行なうのがこれ。ボランティア活動などがそうですが、見返りを求めないところに貴さ、「行」たる所以《ゆえん》があるといっていいでしょう。

心施は他人のために心を配ること。他人のよろこびをともによろこび、悲しみをいっしょに引き受ける。心を寄り添わせるということです。『正法眼蔵《しょうぼうげんぞう》』では他人の思いをそのまま感じ取れることを、「同時」と表現していますが、この心施がまさにそれです。

自分の居場所や地位を譲るのが床座施。また、最後の房舎施は雨露をしのぐ場所を分け合うこと。自分の肩が半分雨に濡れても、相手が濡れないように傘を差しかける、といった行為のことです。

「行」だからといって、そうむずかしく考えることはありません。お年寄りの荷物をそっと持ってあげる（身施）、友人の悩みにじっと耳を傾ける（心施）、バスや電車でさりげなく席を譲る（床座施）、雨空を見上げている人に「どうぞ（傘に入りませんか？）」と声をかける（房舎施）……。ひとつやってみると、心が豊かになります。

90

四季に感謝して生きる

——日本人としての美しい習慣を持つ

くっきりと色分けされた四季の、それぞれに心にしみる風情と趣き。「よくぞ、日本に生まれけり」を実感するのは、季節を肌で感じるときではないでしょうか。元来、日本人は四季を尊び、四季の自然と一体になって生きることに、大きな価値を見出してきました。

それをもっともよくあらわしているのが建物の様式です。

伝統的な日本家屋は、茶室は例外として、基本的に「壁」という発想がありません。戸袋というものがあって雨戸はそこに収納され、ガラス戸を開ければ庭と座敷を隔てるものは何もなく、四季の移り変わりを自然のままに感じることができる。

壁で四方を囲み、必要なところに窓を開けるという西洋の建物とは、考え方が根本的に違うのです。

いまはマンションや洋式住宅など「壁と窓」の住まいで暮らしている人も多いと思いますが、そこでも十分に四季に触れることはできます。

朝、起きたらまず窓を開ける。ベランダがあれば出てみる。ひとしきり時を過ごせば、春の風、夏の光、秋の色、冬の透明感……などなど、あざやかな自然が体感できます。そんな日本人らしい、美しい習慣を持ちませんか？

本書は、本文庫のために書き下ろされたものです。

枡野俊明（ますの・しゅんみょう）

一九五三年、神奈川県生まれ。曹洞宗徳雄山建功寺住職、庭園デザイナー、多摩美術大学環境デザイン学科教授、ブリティッシュ・コロンビア大学特別教授。玉川大学農学部卒業後、大本山總持寺で修行。禅の思想と日本の伝統文化に根ざした「禅の庭」の創作活動を行ない、国内外から高い評価を得る。芸術選奨文部大臣新人賞を庭園デザイナーとして初受賞。ドイツ連邦共和国功労勲章功労十字小綬章を受章。また、二〇〇六年の「ニューズウィーク」日本版にて「世界が尊敬する日本人一〇〇人」にも選出される。

庭園デザイナーとしての主な作品に、カナダ大使館、セルリアンタワー東急ホテル日本庭園、ベルリン日本庭園など。主な著書に、『禅、シンプル生活のすすめ』『禅「心の大そうじ」』（ともに三笠書房《知的生きかた文庫》）のほか、『禅が教えてくれる美しい人をつくる「所作」の基本』など多数がある。

知的生きかた文庫

禅《ぜん》、「前向《まえむ》きな心《こころ》」をつくる生活《せいかつ》の基本《きほん》

著者　枡野《ますの》俊　明《しゅんみょう》

発行者　押鐘太陽

発行所　株式会社三笠書房

〒一〇二―〇〇七二　東京都千代田区飯田橋三―三―一

電話〇三―五二二六―五七三四〈営業部〉

〇三―五二二六―五七三一〈編集部〉

http://www.mikasashobo.co.jp

印刷　誠宏印刷

製本　若林製本工場

ISBN978-4-8379-8152-7 C0130

C50175